Grun

Beste Musiker Anekdoten

Bernard Grun

Beste Musiker Anekdoten

Mit Zeichnungen von
Gerard Hoffnung

Langen Müller

Besuchen Sie uns im Internet unter
www.herbig.net

7. Auflage 2001

Schutzumschlaggestaltung: Wolfgang Heinzel
Umschlagmotiv: Gerard Hoffnung

Druck: Jos. C. Huber KG, Dießen
Binden: R. Oldenbourg, Heimstetten
ISBN 3-7844-2823-1

Inhalt

Glanzvolle Tage

Die Niederschrift der gesamten Partitur zum *Messias* innerhalb von vierundzwanzig Tagen stellt eine der größten Leistungen in der gesamten Geschichte der Komposition dar.
Vom Samstag, dem 22. August, bis zum Montag, dem 14. September 1741, hat Händel sein Haus in der Upper Brook Street nicht verlassen. Bei Tag und Nacht, ohne aufzuhören, schrieb er Seite um Seite, wie entrückt. Zuweilen, wenn ihm sein Diener das Abendessen brachte, stand das Mittagsmahl noch unberührt da, und an einem Nachmittag fand ihn der Mann heftig schluchzend vor: er hatte soeben die Arie »Er ward verschmäht« vollendet.
Als er den Halleluja-Chor zu Papier gebracht hatte, starrte er still vor sich hin und sagte: »Ich sah alle Himmel vor mir offen und den erhabenen Herrgott selber!«
Sieben Monate nach seiner Vollendung konnte man das grandiose Werk in Dublin zum erstenmal hören. Das allgemeine Interesse war so groß, daß die Damen gebeten wurden, ohne Krinolinen, und die Herren, ohne Degen zu kommen, um Raum für mehr Menschen zu haben. Der Erfolg war überwältigend, und allgemein herrschte der Eindruck vor, daß Herrn Händels Oratorium »das vollendetste Musikstück« sei, das man je gehört habe.

Im März 1743 vernahm man den *Messias* zum erstenmal in London. König Georg II. wohnte der Aufführung im Covent Garden bei. Als der Chor das machtvolle »Halleluja« begann, war das Publikum so ergriffen, daß es sich wie ein Mann von den Sitzen erhob und alle, der König inbegriffen, stehen blieben, bis der letzte Ton verklungen war.

Nach der Aufführung beglückwünschte Lord Kinnoul, ein Freund und Bewunderer Händels, den Komponisten. Er dankte ihm für die »außerordentliche Ergötzung«, die er den Zuhörern verschafft habe. »Mylord«, entgegnete Händel, »ich würde es ungemein bedauern, wenn ich sie nur ergötzt hätte. Meine Absicht war, sie zu bessern.«

In einem Anhang zu seinem Testament vermachte Händel »eine saubere Abschrift der Partitur und alle Solostimmen des Oratoriums mit dem Titel *Messias* dem Findelhaus«. Er starb an dem Tag, als sich die Erstaufführung seines Meisterwerkes zum siebzehnten Male jährte.

Mehr als dreißig Jahre später veranstaltete man in London eine Händel-Feier. Über tausend Sänger versammelten sich in der Westminster-Abtei zu einer der gigantischsten Darbietungen, die der *Messias* jemals gefunden hat. Joseph Haydn befand sich unter den Zuhörern. Die unsterblichen Klänge, der herrliche Gesang und der majestätische Kirchenraum versetzten den Komponisten in eine solche Verzückung, daß er, zutiefst bewegt, noch beim Hinausgehen unter Tränen äußerte: »Er ist unser aller Meister!«

EXIT
Haydn's

Die Erstaufführung von Beethovens *Neunter Symphonie* fand am 7. Mai 1824 in Wien statt – und ungeachtet der Tatsache, daß man nur zwei Proben zugestanden hatte (»Das genügt völlig«, wurde dem protestierenden Komponisten erklärt), war es ein außerordentliches Ereignis. Die achtzehnjährige Henriette Sonntag sang die Sopranpartie und die einundzwanzigjährige Caroline Unger das Alt-Solo. Die beiden bezauberndsten Frauenstimmen ihrer Zeit hatten sich damit vereinigt, um das große Werk aus der Taufe zu heben.

Der Anschlagzettel verkündete: »Herr Ignaz Schuppanzigh wird das Orchester leiten, Herr Michael Umlauf die gesamte Aufführung dirigieren, und Herr Ludwig van Beethoven wird daran teilnehmen.« In Wirklichkeit spielte sich das so ab, daß der taube Beethoven (in Frack, schwarzseidenen Kniehosen und seidenen Strümpfen) vor dem Orchester stand und den Takt schlug, während alle Ausführenden sich nach Umlauf richteten, der, hinter Beethoven stehend, in Wahrheit die Aufführung leitete.

Kaum war der letzte mächtige D-Dur-Akkord verklungen, da brach ein knatternder Beifallssturm los, eine Ovation von unerwarteter und beispielloser Stärke, an der sich die Sänger und das Orchester bereitwilligst beteiligten. Beethoven war der einzige unter den Anwesenden, der von dem allgemeinen Jubel überhaupt nichts merkte. Er konnte ja nichts hören.

In diesem Augenblick trat Caroline Unger auf ihn zu und drehte ihn liebevoll herum, damit er die Begeisterung wenigstens sehen könne. Beethoven blickte eine Sekunde lang auf die festliche Menge, dann verbeugte er sich tief und dankend und verließ das Podium.

Das Konzert erbrachte ihm 420 Gulden, nach heutiger Berechnung etwa 300 DM.

Den ohrenbetäubenden Lärm des enthusiastischen Beifalls, der die erste Wiedergabe von Ravels *Bolero* grüßte, übertönte eine schrille Frauenstimme, die schrie: »*Au foux! Au foux!*«
»Das war die einzige, die es wirklich verstanden hat«, meinte Ravel lächelnd.
Es war ein großer Abend in der Opéra Comique in Paris. Niemand hatte Ravel, dem Meister der subtilen, verhaltenen, diffusen Klang-Impressionen und zarten, kunstvollen Harmonien, zugetraut, daß er ein solches Stück beinah volkstümlicher Musik von fünfzehn Minuten Dauer schreiben könne, in dem nicht ein einziges Mal der Rhythmus und kaum einmal seine C-Dur-Tonart gewechselt wurde. Ein Stück, das für seine volle Dauer den eindringlichen Trommelschlag beibehielt und, sehr ruhig beginnend, mit nur einem kurzen Aufblitzen einer Zwischenmelodie, am Schlusse zu einem unerhört eindrucksvollen Fortissimo-Gipfel anschwillt.
Das Publikum brüllte hysterisch: »Bravo, Ravel, *bis le Bolero!*« Ravel blickte auf diesen Begeisterungssturm hinunter. »Genau wie ich's erwartet habe«, sagte er zu seinem Bruder Edouard. »Ich wußte, es würde sie von den Sitzen reißen und in die Füße gehen. Und sieh dir das jetzt an: sie tanzen ja wirklich! Dabei ist der Bolero nur ein Orchesterstück, ohne eigentliche Musik!«
An diesem tollgewordenen Novemberabend 1928 begann die »Bolero«-Mode. Bolero-Hüte, Bolero-Kleider, Bolero-Ballette, Bolero-Filme, Bolero-Bars, Bole-

ro-Restaurants. Zehntausend Exemplare der knapp gedruckten Noten waren im Handumdrehen verkauft; das Stück wurde arrangiert für Jazzbands, für Mundharmonika, für Blasorchester, für Akkordeon, für Männer- und Frauen-Chöre. Sein faszinierender Rhythmus ertönte aus Grammophonen, Radios und Musikautomaten, es wurde in der ganzen Welt gesungen, gespielt, getanzt – bis sich Toscanini eines Tages entschloß, diesem Mißbrauch möglichst ein Ende zu machen und dem Stück seinen ursprünglichen künstlerischen Wert wieder zurückzugeben. Er dirigierte es in einem seiner nächsten New Yorker Konzerte und machte es zur *pièce de résistance* seiner Europatournee mit den New Yorker Philharmonikern. Und wo immer er es auch spielte, geriet das Publikum förmlich in Raserei: London, Stockholm, Wien, Prag, Mailand – überall der gleiche irrsinnige Erfolg.

Eines Abends trat das berühmte Orchester unter seinem großen Dirigenten denn auch in Paris auf. Ravel hatte selbstverständlich von dem triumphalen Erfolg der New Yorker mit seinem Werk gehört, aber es war ihm auch berichtet worden, daß der Maestro, um des besseren Effektes willen, das Stück erheblich schneller spielen ließ, als es vorgeschrieben war. Noch mehr ärgerte ihn dann, daß die Konzertdirektion vergessen hatte, ihm eine Karte für den Abend zu senden. Dennoch beschloß er, anwesend zu sein. In der elegantesten Aufmachung: Frack, weißem Binder, seidenem Abendmantel und Zylinder, betrat er den Saal, nahm in einer Loge Platz und harrte der Dinge.

Im selben Augenblick, da Toscanini mit dem Bolero begann, erhob Ravel seine Stimme zu klarer und freimütiger Kritik. Leicht bestürzt suchten die Umsitzenden ihn zum Schweigen zu bringen, und so waren binnen kurzem statt einem drei anschwellende Crescendi zu vernehmen: eins aus dem musizierenden Orchester, das andere von dem grollenden Ravel und das dritte von den Zuhörern, die um Ruhe zischten.

Toscanini wußte von Ravels Anwesenheit, war jedoch selig ahnungslos, was da hinter ihm vorging. Als er sich für den donnernden Applaus bedanken wollte, sollte seine erste Verbeugung dem Komponisten in seiner Loge gelten, doch der empörte Ravel war nicht mehr dort. Eilenden Schrittes nahte er sich bereits dem Künstlerzimmer hinter der Bühne. Er riß die Tür auf und herrschte Toscanini an: »Monsieur, ich verbiete Ihnen ein für allemal, meinen Bolero je wieder zu spielen. Ihr Tempo ist falsch, falsch, falsch! Glauben Sie wirklich, daß irgend jemand zu Ihrem Gerase einen Bolero tanzen könnte?« Und vor den Augen der anwesenden Besucher, Orchestermitglieder und Bühnenarbeiter begann er den Bolero in Toscaninis Tempo zu singen und dazu zu tanzen.

Es war dies eine völlig neue Erfahrung für den Maestro. Erstaunt betrachtete er den vor ihm herumtanzenden Komponisten, lächelte und versuchte dann, ein paar Worte anzubringen. Doch Ravel ließ das nicht zu, sang und tanzte weiter wie eine wahnsinnig gewordene Marionette bis zum furiosen Schlußabgang, knallte die Tür hinter sich zu und weigerte sich fortan, Toscanini je wieder zu begegnen!

Schubert starb im Jahre 1828, und sein armseliger Nachlaß hatte einen Gesamtwert von dreiundsechzig Gulden, – nicht ganz 85 DM. Darüber hinaus jedoch gab es noch sechzig Bände voller Noten – unveröffentlichte unsterbliche Kompositionen, Schätze, die jahrelang im verborgenen lagen und nur durch die nicht nachlassenden Anstrengungen einiger unermüdlicher Schubert-Verehrer entdeckt wurden.

Robert Schumann war der erste, der sich auf die Jagd machte. Elf Jahre nach dem Tode des Komponisten besuchte er dessen Bruder Ferdinand, in dessen Heim er eine große Menge Manuskripte fand. Er begann auf der Stelle damit, sie zu ordnen, als seine Blicke auf einen dicken Band fielen. Er griff danach, schlug ihn auf und las auf seiner Titelseite:

Große Symphonie
in C-Dur
komponiert von
Franz Schubert

Nie zuvor hatte Schumann von einem solchen Werk gehört, obgleich er ein ausgezeichneter Kenner Schuberts war. Er begann Seite auf Seite umzublättern, voll staunender Bewunderung. Schon die erste Durchsicht des Ganzen verriet ihm, daß er ahnungslos auf Schuberts Meisterwerk gestoßen war. Er setzte seinen Freund Mendelssohn, den damaligen Leiter der berühmten Leipziger Gewandhauskonzerte, von seinem Fund in Kenntnis, und schon drei Monate später dirigierte dieser die erste Aufführung der Symphonie.

An die dreißig Jahre später machten sich zwei unternehmende junge Engländer, beide glühende Verehrer Schuberts und dereinst selber zu großem Ruhm bestimmt, nämlich die Messrs. Arthur Sullivan und George Grove, von London her auf die Reise, um die verlorengegangene *Rosamunde*-Musik zu finden. Sie kamen in Wien an und begaben sich eilends zu Spina, dem Musikverleger. Er zeigte ihnen eine Unmenge Manuskripte, doch da war von der *Rosamunde* keine Spur. Nach einer Woche vergeblichen Herumsuchens trafen sie einen gewissen Dr. Schneider, einen Verwandten Schuberts, der ihnen erzählte, daß er einen ganzen Haufen Manuskripte des Verstorbenen besitze. Wieder suchten sie alles durch und fanden nichts. Sie wollten es schon aufgeben, als Grove am letzten Tage ihres Aufenthaltes ein mächtiger alter Schrank ins Auge fiel.

»Kann ich eben mal hineinschauen?« fragte er.

»Selbstverständlich«, erwiderte Dr. Schneider.

Sie machten den Schrank auf: er war vollgestopft mit Noten. Sie nahmen den obersten verstaubten Packen herunter – und da lagen obenauf die sämtlichen ausgeschriebenen Orchesterstimmen der vollständigen Musik zu *Rosamunde*.

Wagner hat die Partitur seines *Lohengrin* im März 1848 vollendet. Es war etwa ein Jahr später, gerade bei einer Probe seines *Tannhäuser* unter Liszt in Weimar, da erreichten ihn Nachrichten aus Dresden, daß ein Haftbefehl gegen den »politisch gefährlichen« Komponisten erlassen worden sei. Liszt nahm sich umgehend der Sache an, besorgte Wagner einen Paß und brachte ihn sicher über die Grenze und außer Landes.

Wieder ein Jahr darauf wurde *Lohengrin* in Weimar zum erstenmal aufgeführt. Wagner konnte nicht dabei sein, er war noch in der Verbannung und blieb es.
Unterdessen begann die neue Oper sich die Bühnen zu erobern: Leipzig, Frankfurt, Breslau, Prag, Wien, Berlin und München brachten sie mit enormem, ständig zunehmendem Erfolg heraus. Hunderttausende lauschten diesen Klängen mit wachsendem Entzücken – aber noch immer hatte Wagner sie keinmal selbst gehört.
Erst nachdem sie schon elf Jahre lang zum Repertoire der Opernbühnen zählte, konnte Wagner endlich einer Aufführung in Wien beiwohnen. Es war genau zwei Monate nach dem Desaster seines *Tannhäuser* in Paris. Ganz allein im Hintergrund seiner Hofopernloge sitzend, lauschte er dem *Lohengrin* und den ohrenbetäubenden Beifallskundgebungen eines hingerissenen Publikums.

Es war kein welterschütterndes Ereignis, das an jenem gesegneten Tage stattfand, von dem wir jetzt sprechen wollen, aber ein gnädiger Gott rettete das Leben eines unmündigen Kindes, von dem ein großer Dichter hundert Jahre später einmal sagte: »Er weinte und liebte für uns alle!«
Die Völkerschlacht bei Leipzig war gewonnen, Napoleons Armeen in vollem Rückzug, und die Alliierten beschlossen, österreichische und russische Truppen nach Italien zu entsenden, um die Halbinsel von allen Franzosenfreunden zu säubern. Die vordringenden Soldaten übten ein Schreckensregiment aus, um Bonapartes Einfluß mit Stumpf und Stiel auszurotten, sie mordeten und plünderten, wo immer sie auftauchten.

Als die Einwohner des kleinen Dorfes La Roncole unweit Parma von der Annäherung der Truppen erfuhren, flohen sie in wildem Schrecken und versteckten sich im Gebüsch am Feldrain oder im Wald. Einige Frauen mit kleinen Kindern suchten Zuflucht in der Dorfkirche; jedoch die kriegerische Soldateska drang selbst in diesen heiligen Ort ein und massakrierte ohne Unterschied Mann, Weib und Kind, alles, was man vorfand.

Dann zogen die Kerle grölend davon, vorwärts zu neuen Heldentaten.

Eine einzige Frau entkam diesem schrecklichen Blutbad: Luigia *Verdi*, die Frau des Dorfgastwirts. Da sie in der Kirche keinen Platz mehr gefunden hatte, war sie die steile Treppe zum Glockenturm hinaufgestiegen. Dort überstand sie die Schreckensstunden. Als sie hörte, daß alles ruhig war, wagte sie sich voller Furcht herunter, und hielt, noch immer zitternd und bebend, ihren vier Wochen alten Giuseppe an ihre Brust gedrückt.

Aus der Werkstatt des Komponisten

Der amerikanische Komponist *Aaron Copland* hielt einmal einen Vortrag über die Arbeitsweise berühmter Komponisten. »Und Sie selbst, Mr. Copland«, erkundigte sich eine wißbegierige Dame, »wie arbeiten Sie? Warten Sie auf eine künstlerische Eingebung?«
»So ist es, Gnädigste«, kam die verbindliche Antwort, »und zwar jeden geschlagenen Tag!«
Anhaltendes, beharrliches Arbeiten Tag um Tag ist wohl das einzige, was alle bedeutenden Komponisten miteinander gemein haben, so verschieden sie auch in anderer Beziehung sein mögen.
Von Staunen überwältigt, stehen wir vor der Gesamtausgabe der Werke *Johann Sebastian Bachs:* sechsundvierzig riesige Bände, die allein herauszubringen für die Bachgesellschaft ein halbes Jahrhundert Arbeit bedeutete. (»Die beiden größten Ereignisse meines Lebens«, sagte Brahms, »waren die Gründung des deutschen Kaiserreichs und die endliche Vollendung der Arbeit der Bachgesellschaft.«)
Dennoch hat Bach zeit seines Lebens in seiner Arbeit nie mehr gesehen als die Erfüllung der täglichen Pflicht, die Gott ihm auferlegt hatte, als ein Mittel, den Lebensunterhalt für seine Familie zu beschaffen. »Ich habe schwer arbeiten müssen«, pflegte er zu sagen, »und wenn einer ebenso schwer arbeitet wie ich, wird er den gleichen Erfolg haben.«
Mozart bedurfte zum Arbeiten »guter Laune« und muß-

Preciso

te möglichst allein sein. »Ich weiß nicht«, sagte er, »woher meine Einfälle kommen, doch wenn ich nicht gestört werde, hat die Inspiration bei mir kein Ende. Sie nimmt mehr und mehr Gestalt an, bis zuletzt das ganze Gebäude klar zutage tritt.« Die unglaubliche selbstverständliche Leichtigkeit seines Schaffens ist noch heute eines der größten Wunder der Musik.

Eines Tages ging Richard Strauss mit einem englischen Freund, dem jungen A. M. Henderson, zu einem Konzert, bei dem Mozarts *Divertimento für dreizehn Blasinstrumente* gespielt wurde. »Welch Meisterwerk!« sagte er später. »So unglaublich einfach, natürlich – und dennoch so effektvoll!« Mit der Kühnheit der Jugend entgegnete Henderson: »Warum schreiben Sie denn dann nicht etwas Ähnliches?«

»Mein guter Junge«, versetzte Strauss, »Mozart war das größte Genie, das die Welt je gekannt hat. Kein anderer als er hätte dies Divertimento für dreizehn Bläser schreiben können. Wenn ich komponiere – brauche ich ein Orchester von hundertundzwanzig Mann!«

Emanuel Schikaneder, der das Libretto zur *Zauberflöte* geschrieben, sie auf seinem Theater herausgebracht hat, Regie führte und den Papageno sang, unterbrach die Generalprobe vor der Uraufführung, als eben der zweite Akt eingesetzt hatte. Ihm gefiel dieser Anfang nicht: daß der Vorhang aufgehen und schon Sarastro sich an die Priester wenden sollte. Da war etwas nicht in Ordnung und mußte geändert werden – und zwar sofort! »Wie wäre es, wenn ich die Männer in ihren wallenden weißen Gewändern erst in feierlichem Zuge herauskom-

men ließe«, dachte er, »und dann erst, wenn alle sich richtig gruppiert haben, käme die Arie?«
Ja, das wäre ein wirkungsvoller Anfang. Er begab sich auf die Bühne, um die nötigen Anweisungen zu geben. Dabei kam er an Mozart vorüber, der am Klavier saß, und ihm fiel ein, daß er zu alledem wohl noch etwas Musik benötigen würde. »Ich brauche hier noch ein paar Takte«, rief er Mozart zu, »so einen langsamen und feierlichen Marsch, – du weißt schon!«
»Na schön«, erwiderte Mozart und setzte, zu den Musikern gewandt, hinzu: »Gebt's mir mal all eure Käsblätter daher, Kinder, ich muß euch noch was reinschmier'n!«
Und ohne langes Nachdenken kritzelte er gleich in die einzelnen Orchesterstimmen die edlen und erhabenen Noten zum weihevollen Priestermarsch.

Beethoven arbeitete unablässig, jederzeit und wo immer er sich befand. Eines Tages hatte er den »Schwan« betreten und sich zum mittäglichen Mahl gesetzt; geistesabwesend und tief in Gedanken versunken, zog er aus der Tasche ein kleines Notizbuch und begann zu schreiben. Der Kellner kam, kannte jedoch die Absonderlichkeiten seines Gastes und verdrückte sich rasch wieder, um den berühmten Herrn van Beethoven nur nicht zu stören. Nach einer halben Stunde näherte er sich dem Tisch und fand den Komponisten noch immer in seine Arbeit vertieft. Er beschloß nochmals, zu warten.
Eine Stunde war vergangen, da dröhnte plötzlich die Stimme Beethovens durch den Raum:
»Zahlen!«

»Aber«, dienerte der Kellner, »Euer Gnaden haben's ja noch gar nix bestellt!«
»Was?« Beethoven verzog die Brauen. »Alsdann bringen S' mir irgendwas zu essen – und stören S' mich nicht.«

Ein ebensolcher »Kettenarbeiter« war *Schubert.* Er begann am frühen Morgen und schaffte den ganzen Tag. Kaum daß er ein Lied vollendet hatte, machte er sich an das nächste. Und auch fern von Schreibtisch oder Klavier hörte er nicht auf zu arbeiten.
Sein Freund, der Maler Moritz von Schwind, versuchte es einmal mit einem Porträt von ihm. »Setz dich, Schwammerl«, erklärte er liebevoll, »halt mir eine Weile still, ich möchte der Nachwelt einen Begriff davon geben, wie du eigentlich ausgeschaut hast.« Aber Schubert wollte nicht still sitzen, wackelte herum, hopste auf und nieder und schnitt Grimassen, bis ihm Schwind schließlich, um ihn zur Ruhe zu bringen, einen Band Shakespeare in die Hand drückte. Er blätterte denn auch darin herum und stockte plötzlich. Er war auf *Cymbeline* gestoßen, auf jene Zeilen:

»Horch, horch, die Lerch' im Ätherblau
Und Phöbus neu erweckt ...«

Er las, sann vor sich hin und wandte sich mit einem Male aufgeregt an seinen Freund: »Rasch, Moritz, zieh mir fünf Linien auf ein Stück Papier. Ich glaub, mir ist da was eingefallen.«
Schwind fertigte in Eile so etwas wie Notenpapier, gab es Schubert, und dieser schrieb, während der Freund

endlich in Ruhe seine Zeichnung vollenden konnte, in einem Zuge dieses heiterbewegte Lied nieder.

Dabei hielt er selbst nicht viel von solchen rasch heruntergeschriebenen Sachen. Eines Abends spielte er seinen Freunden ein neues Lied vor, *Die Forelle.* Sie waren entzückt und wollten es wieder und wieder hören, bis einer von ihnen plötzlich meinte: »Einen Augenblick, Schwammerl, diese rasche Tonfigur da in der Klavierbegleitung – ist die nicht der einen Stelle aus der Beethovenschen *Coriolan*-Ouvertüre verdammt ähnlich?«

Schubert dachte eine Sekunde nach und rief dann: »Du lieber Himmel, du hast vollkommen recht! Natürlich ist es das! Schmeißen wir's halt weg!«

Und nur mit der größten Mühe konnte er überredet werden, das Lied nicht zu vernichten.

Chopins Arbeitsweise war jäh, unvermittelt, fast improvisatorisch. Musikalische Einfälle kamen ihm ungesucht, unerwartet, selbstverständlich. Sie wurden in ihrer gesamten melodischen und harmonischen Vollkommenheit in einem einzigen Ausbruch geboren. Doch für die Spontaneität des Einfalls mußte Chopin dann mit Stunden und zuweilen Tagen heftigster Qualen und sich selbst zerfleischender, niederdrückender Schufterei zahlen. Hundertmal schrieb er eine Sache um, feilte und änderte, klagte bitterlich um eine Harmonie, die nicht passend, einen Übergang, der ihm platt erschien ... um dann zum Schlusse doch wieder auf seinen ursprünglichen Einfall zurückzukommen.

Eines Tages besuchte er George Sand. Als er den Salon betreten hatte und seine geliebte Freundin eben umarm-

te und küßte, raste ihr kleiner Pekinese wie verrückt im Zimmer herum und versuchte die ganze Zeit, seinen eigenen Schwanz zu erschnappen.
Chopin mußte lachen, hielt dann inne, überlegte eine Weile, ging zum Klavier und begann ein Thema im Dreivierteltakt zu spielen – drängende Achtelnoten, um ein As gruppiert, mit denen er das mutwillige Herumspielen des Hundes nachbildete; unmerklich glitt er in eine Walzermelodie über, sehnsüchtig, verzaubernd, und doch strahlend und leicht ... und dann wieder zurück in die drängenden Achtelläufe.
Als er ein wenig außer Atem endete, blickte er lächelnd zu seiner Geliebten auf: er hatte eine unsterbliche Melodie gefunden, den bekannten Walzer in Des.

»Sagen Sie mir doch, Herr Doktor«, wollte eine Verehrerin einmal von *Brahms* wissen, »wie schreiben Sie nur die langsamen Sätze Ihrer Symphonien, diese herrlichen Stücke von überirdischer Schönheit?«
»Höchst einfach, gnädige Frau«, erwiderte Brahms, »wirklich ganz einfach. Sehen Sie – meine Verleger bestellen die nämlich so!«

Eine der liebenswertesten und nettesten Gestalten aus dem Wiener Freundeskreise um Johannes Brahms war der Komponist *Ignaz Brüll*. Er sah aus wie ein Patriarch aus dem Alten Testament, war einer der glänzendsten Klaviervirtuosen seiner Zeit und schuf mit seiner Oper *Das goldene Kreuz* ein ganz reizendes Pasticcio. »Ich beneide ihn um seinen Überfluß an Melodien«, sagte

Brahms einmal. »Ich könnte drei Werke machen aus dem, was er an eines vergeudet!«
Das einzig Betrübliche an Brüll war, daß ihm – der ganz in der Liebe und Sorge für seine zahlreiche engste Familie aufging, zufrieden, träge und ohne alle geldlichen oder künstlerischen Sorgen war – jener abenteuerliche Drang völlig abging, den man braucht, um wirkliche Meisterwerke zu schaffen. Er war bescheiden und zurückhaltend, nicht allein im Leben, sondern unglückseligerweise auch in seiner Arbeit.
»Wißt ihr denn«, berichtete Brahms ganz ernsthaft seiner Stammtischrunde im ›Blauen Igel‹, »daß es eine Zeit gegeben hat, da der Brüll sich tatsächlich mit dem gewagten Plan trug, einmal aus C-Dur in Ges-Dur überzugehen? Aber selbstverständlich hat er diesen Gedanken zuerst einmal mit seiner Frau besprochen, dann mit seiner Schwiegermutter, seinen Söhnen und Töchtern, und die waren natürlich alle entsetzlich gegen ein derart tollkühnes Unterfangen und rieten ihm, nur ja nicht solcherart auszubrechen. Da resignierte denn unser Brüll und gab die ganze Geschichte schnell wieder auf!«
Bei anderer Gelegenheit wurde Brahms einmal gefragt: »Was ist denn mit Brüll los? Der sieht seit kurzem so bedrückt aus?« »Weißt du denn nicht«, versetzte Brahms mit ernster Miene, »daß er etwas ganz Fürchterliches erlebt hat? Schreibt er da neulich ein Lied in C-Dur und findet sich plötzlich, er weiß nicht wie, in e-moll! Und jetzt weiß er nicht, wie er wieder zurückkommt!«

Donizetti komponierte auf eine merkwürdige Art. Summend und singend spazierte er durch Paris, blieb dann

plötzlich irgendwo stehen und schaute auf einen Punkt, als müsse er dort etwas Bestimmtes finden.
Eines Tages bemerkte eine Putzmacherin auf dem Faubourg St. Honoré einen verdächtigen Fremden vor ihrem Schaufenster, der stundenlang einen reizenden Kopfputz anschaute. Sie ging schließlich hinaus und erkundigte sich in ziemlich barschem Ton: »Was suchen Sie denn da eigentlich, Monsieur?«
Aufgeschreckt aus seinen Träumereien, betrachtete er sie ganz überrascht und entgegnete dann, als sei dies die selbstverständlichste Sache der Welt: »Je nun, Madame, ich suche doch nach dem zweiten Finale meiner *Regimentstochter!*«

Ungeachtet all seiner gesellschaftlichen Abhaltungen, konnte *Händel* genauso der Umwelt vergessen, wenn er arbeitete. Eines Morgens klopfte es dröhnend an die Tür des Hauses in Turnham Green, in dem der Dichter Dr. Thomas Morell wohnte, und jemand schrie: »Morell? Heda, aufwachen, Morell!«
Der Gute rieb sich die Augen und blickte auf die Uhr – es war fünf Uhr morgens. Er ging zum Fenster und öffnete es. Händel, mit dem er gerade an einem Oratorium arbeitete, dem *Judas Maccabäus*, saß da unten in einem Wagen, der ihn den weiten Weg von Brook Street herübergebracht haben mußte.
»Was zum Teufel ist *Billow*?« schrie der Komponist.
»Wieso, wie kommen Sie auf *Billow?*« fragte Morell.
»Billow, Billow!« schallte es von unten ungeduldig. »Das Wort kommt in Ihrem Oratorium vor, und ich weiß nicht, was das ist – *Billow!*«

Da begriff Morell und rief lachend: »Das ist eine Welle, mein lieber Händel, eine mächtige Sturzwelle!«
»Aha, eine Welle!« sagte der Komponist. »Eine große Welle!«
Und ohne seinen Textdichter noch eines weiteren Wortes zu würdigen, bedeutete er dem Kutscher durch ein Zeichen, ihn wieder heimzufahren.

Sir Alexander Mackenzie erkundigte sich einmal bei *Dvořák* nach seiner Arbeitsweise. »Ich bringe täglich vierzig Takte zu Papier«, erwiderte der Komponist, »niemals mehr – und niemals weniger!«
Er liebte es überdies, sich dabei in die Küche zu setzen, dem Lärmen und Geschwätz ringsum zu lauschen und draufloszukomponieren an seinen vierzig Takten.
Doch gegen Ende seines Lebens äußerte er Jean Sibelius gegenüber Zweifel an der Richtigkeit seiner Methode. »Ich glaube«, meinte er nachdenklich, »ich habe viel zu viel komponiert . . .«

Auf einem Spaziergang durch den Wienerwald mit einem Freunde sah sich *Gustav Mahler* einmal einem seltsamen, ans Herz greifenden Anblick gegenüber: inmitten der einsamen Waldespracht stand da ganz verlassen ein alter Leiermann, der versunken seine tönende Orgel drehte. Mahler blieb einen Moment stehen, lauschte den monotonen Klängen und meinte dann zu seinem Freund: »Hier sehen wir das wahre Abbild des Künstlers inmitten unserer Welt. Da wirkt er nun in einem fort, und nur die Bäume hören zu!«

Sein Leben lang kämpfte Mahler um Zeit. Mit der Verwaltung der Wiener Oper vollauf beschäftigt, mußte er sich jede Stunde zum Komponieren stehlen. Diese äußeren Schwierigkeiten wurden noch durch innere Komplikationen verstärkt. »Ich kann nur komponieren, wenn ich erlebe«, sagte er einmal, »und ich kann nur erleben, wenn ich komponiere!«
In seinen sommerlichen Ferien jedoch versenkte er sich ganz in sein Schaffen, alle Unannehmlichkeiten, Zänkereien, Intrigen und Schwierigkeiten der anstrengenden Opernsaison hinter sich lassend.
Bruno Walter besuchte Mahler einmal in dessen Sommerhäuschen bei Salzburg. Es war ein strahlender Tag, und die beiden setzten sich draußen auf die Gartenbank.
»Wie schön ist das alles«, begeisterte sich Walter, »die kräftige klare Luft, die Wiese mit den tausend Blumen, der tiefblaue See im Vordergrund und dahinter die Berge ...«
»Nicht nötig, in Ekstase zu geraten, lieber Walter!« lachte Mahler. »Ich hab' den ganzen Schwung bereits komponiert!«

Strawinsky, der sich selbst so glanzvoll zu sezieren versteht, bekennt in seinem Buch *Mein Leben,* daß für ihn das Komponieren eine tägliche Obliegenheit sei, die zu erfüllen er sich gezwungen sehe. »Der Laie glaubt«, sagt er, »daß man auf eine Inspiration warten muß, um schaffen zu können. Das ist ein Irrtum, denn wirksam zu werden vermag die Inspiration allein durch Anstrengung, eben durch Arbeit!«

Auf einer Fahrt durch London mit einem Freunde kamen sie an der St. Paul's Kathedrale vorüber, als gerade all ihre Glocken mit langhinhallenden majestätischen Schlägen ertönten. Strawinsky hielt an, lauschte verzückt dem klaren, edlen Klang und sagte dann versonnen: »Das ist die einzige wirklich ideale Art, Musik zu machen. Ein Mensch zieht an einem Seil, und weit weg, an dessen entferntestem Ende, wird ein Klang geboren, ganz unabhängig davon, was im einzelnen der Mensch tat. Wie er an diesem Seile zog, macht keinen Unterschied für die Glocken, er kann sie nicht leiser oder lauter, nicht langsamer oder schneller schlagen lassen. Die Musik ist nicht die seine – sie gehört allein den Glokken. Er zieht am Seil und die Glocken tönen . . .«

Als *Strawinsky* in die Kompositionsklasse von Rimskij-Korssakow eintrat, fragte er den Meister, ob es nicht falsch sei, daß er am Klavier komponiere. »Es gibt Komponisten«, erwiderte Rimskij, »die arbeiten am Klavier – und welche, die das nicht tun. Du, mein Sohn, wirst eben am Klavier arbeiten!«
Auch *Ravel* war von der Richtigkeit der Arbeit am Klavier überzeugt, vor allem, wenn es sich um das Orchestrieren handelte. Im Laufe eines Vormittags konnte er so an die hundertmal zwischen Klavier und Schreibtisch hin- und herwandern, wenn er ganz ins Komponieren vertieft war.
»Das ist die einzige Möglichkeit«, sagte er, »den Klang richtig zu hören und die einzelnen Orchestergruppen klar auseinanderhalten zu können.«
Elgar war darin anderer Ansicht. Er arbeitete nie am

Klavier und äußerte schroff: »Ich halte nicht viel von Komponisten, die nur mit Hilfe der Tastatur denken können, und habe keine Geduld mit solchen, die Butzenscheiben um sich herum aufbauen, damit sie arbeiten können!«

Ein Reporter befragte ihn einmal um Einzelheiten über sein Schaffen, seine musikalische Inspiration und Arbeitsweise. »Ich fürchte, ich kann Ihnen dazu wenig sagen«, erklärte Elgar. »Ich strecke nur die Hände aus – nun ja: dann nehme ich mir, was ich gerade brauche!«

Er liebte alle Musik, von Bach bis Suppé, und war ehrlich stolz auf das, was er selbst geleistet hatte. Die Dame, die es als eine Schmeichelei für ihn auffaßte, wenn sie ihm gegenüber verächtlich von *Land of hope and glory* sprach, wurde scharf zurechtgewiesen. »Sagen Sie ja kein Wort dagegen!« donnerte er sie an. »Das ist eine verdammt großartige volkstümliche Melodie!«

Als Elgar, ein damals noch unbekannter und ganz armer junger Musiker, seinen reizenden »Liebesgruß« (*Salut d'Amour*) schrieb, tat er dies bewußt und zugegebenermaßen einzig, um Geld zu verdienen.

Zu seinem Glück hatte dies Vorhaben nicht die gewünschte Wirkung; das kleine Stück schlug nicht ein, und Elgar, der nur eine geringe Summe für die Veröffentlichung erhalten hatte, gab von Stund an diese verhängnisvolle Idee auf, marktgängige Ware fabrizieren zu wollen. Sich ganz auf seine Pläne zu *Gerontius* und den *Enigma-Variationen* konzentrierend, vergaß er dies kleine Stück bald genug und war recht überrascht, als ihn sehr viel später die ersten Gerüchte erreichten, daß *Salut d'Amour* erneut aufgelegt worden sei und in England wie anderswo häufig gespielt würde, noch dazu in

den wunderlichsten Bearbeitungen: als Klaviersolo, als Tanzmelodie, als Liebesballade und gar als Glanznummer für den ersten Trompeter jeder Militärkapelle. Doch recht amüsiert über diesen verspäteten Erfolg, begann er, sich näher zu erkundigen, und fand heraus, daß dieses Wunder einzig dem Weglassen von vier Buchstaben aus seinem Namen zu verdanken war.
Es ergab sich nämlich, daß nach Meinung des Musikverlegers die Leute einfach nicht glauben wollten, es könne auch einmal etwas Gutes aus England kommen. »Edward« war jedoch verdächtig englisch – und der gute Verleger druckte somit ein neues Titelblatt, auf dem er »ward« ausließ und den Komponisten einfach »Ed. Elgar« nannte, und indem er es so dem Publikum überließ, ihn für einen Deutschen, Italiener, Franzosen, Skandinavier oder meinetwegen auch, wenn nötig, für einen Engländer zu halten, machte er damit *Salut d'Amour* zu einem der dauerhaftesten Bestseller aller Zeiten.

Die Quelle der Inspiration war bei *Bruckner* seine tief eingewurzelte Frömmigkeit, sein inbrünstiger, ergreifender und oft kindlicher Glaube. Jeden Morgen ging er zur Kirche, um die Messe zu hören, und während er vor dem Kruzifix kniete, versank er im Gebet, Zeit und Raum vergessend.
Er hielt Vorlesungen über Kontrapunkt an der Wiener Universität, und tagtäglich, mitten in der Stunde, wenn das Glöckchen zum Angelus von der nahen Kirche ertönte, kniete er angesichts seiner hartgesottenen, zynischen Studentenschaft nieder, bekreuzigte sich und sprach sein »Ave Maria«.

Und ebenso wie dreihundert Jahre zuvor Tomás Luis de Victoria, der große spanische Kirchenmusiker, einen Band seiner Motetten »Der Muttergottes und allen Heiligen« zugeeignet hatte, so widmete Bruckner seine letzte Symphonie »Dem Lieben Herrgott!«
Als ihn jemand fragte, wie er das herrliche Thema des Adagio in seiner Siebenten Symphonie gefunden habe, erwiderte er:
»Der liebe Gott hat es mir gegeben!«
Ein andermal meinte er: »Wenn Gott mich eines Tages zu sich ruft und fragt ›Was tatest du mit dem Talent, mit dem ich dich beschenkt habe?‹, werde ich Ihm mein *Te Deum* zu Füßen legen, und Er wird mir ein gütiger Richter sein!«

Am klarsten und entschiedensten läßt sich die Arbeitsweise eines Komponisten wohl aus den zahllosen Äußerungen und Antworten von *Richard Strauss* erkennen. Wie alles andere in seinem Leben – Diät, Heirat, Finanzen, Überzeugungen – war auch seine Methode des Komponierens durchdacht, klarverständlich und gesund.
»Kirschen blühen nicht im Winter«, sagte er, »und musikalische Einfälle kommen nicht, wenn die Natur kalt und leer ist.« So pflegte er die schöpferische Arbeit auf Frühling und Sommer zu verlegen, um die genaue Ausarbeitung der Partitur dann für Herbst und Winter zu lassen. Die Einfälle kamen ihm auf Autofahrten, mitten bei einem guten Essen, nach einem Schluck Kognak, während des Skatspiels, im Eisenbahnabteil, in einer Hotelhalle, in seinem Garten oder auf seinem Sofa im

Anblick der Kunstschätze, von denen sein Haus voll war.
»Was für eine endlos lange Zeit Frauen für ihre Toilette brauchen!« seufzte Strauss eines Abends, als er, elegant in Frack und weißer Binde, nervös wartend in seinem Arbeitszimmer auf und ab ging. Das war in seinen Weimarer Tagen, und er und seine junge Frau waren zum festlichen Empfang bei Hofe geladen. Endlich hörte er sie die Treppe herunterkommen. »Mein Himmel, Pauline!« rief er erschrocken. »Du hast ja deinen Hut vergessen!«
»Hut, Richard? Brauch ich denn einen Hut?«
»Bei Hofe selbstverständlich!«
»Na schön! Welchen meinst' denn, daß ich nehmen soll? Den dunkelblauen mit den Falbeln, den kleinen mit den Blumen oder vielleicht ...«
»Lieber Gott, Paulinchen, nimm, was du Lust hast. Nur verlier nicht noch länger Zeit. Wir sind schon spät dran!«
»Ich brauch' keine Minute, Schatzerl«, versicherte sie und verschwand schon wieder nach oben in ihr Ankleidezimmer.
Strauss war verzweifelt, er kannte die »Minuten« seiner Frau. Resigniert ließ er sich in einen Sessel fallen, griff unwillkürlich nach einem kleinen Buch mit Gedichten von Otto Julius Bierbaum, das dort auf einem Tischchen lag, und begann darin zu blättern. Sein Blick fiel auf einige Verse mit der Überschrift *Traum durch die Dämmerung*. Er schaute eine Weile versonnen vor sich hin, schlenderte dann zum Klavier, schlug einen dunklen verhaltenen E-dur-Akkord an, und dann spielte er, in einer plötzlichen Eingebung, das ganze Lied bis zum Ende durch.

Als er gerade fertig war, hörte er Paulines Stimme:
»Ich wart' schon, Richardl, geh'n wir!«
Er schaute auf, mußte lachen, küßte sie rasch, und beide spazierten fröhlich Arm in Arm aus der Tür.

Als *Sibelius* und *Strauss* einander zum erstenmal begegneten, bemerkte der Finne im Gespräch, wie er in seinen jungen Jahren durch die symphonischen Dichtungen Strauss' beeinflußt worden sei und wie unglaublich schlicht und einfach diese gewesen seien im Vergleich zu den späteren Werken des Meisters.
»Ja, ja«, lächelte Strauss, »zu der Zeit hatte ich auch die Streicher noch nicht geteilt!«

Die Welt der Musik besteht indes nicht allein aus den Bach und Händel, den Beethoven und Brahms. Verborgen hinter diesen Unsterblichen entdecken wir zuweilen diesen oder jenen, der, oft ein Musiker von hohen Graden, auf seine eigene Weise auch sein kleines Teil zu der allgemeinen grandiosen Entwicklung der Kunst beigetragen hat.
Beim Lesen einer Partitur begegnen wir unzählige Male dem Zeichen für *crescendo* < und dem andern >, das *decrescendo* bedeutet. Es war ein Komponist aus dem sechzehnten Jahrhundert namens Domenico Mazzocchi, der diese Zeichen erfand, ebenso wie das p für *piano*, f für *forte* und tr ∿∿∿∿ für Triller.
Notenlinien und -schlüssel hat ein Benediktinermönch aus dem elften Jahrhundert, Guido d'Arezzo, zum ersten Male angewandt, dem wir auch die Silbenbezeichnung für das *do-re-mi*-System verdanken.

Der kühne Neuerer, der den revolutionären Einfall hatte, in der Oper zwei Menschen zu gleicher Zeit miteinander singen zu lassen, war Claudio Monteverdi; er hat auch noch zwei andere Dinge erfunden, ohne die Opernkomponisten unserer Tage verloren wären: das Leitmotiv und das Streichertremolo.
Die *da-capo*-Arie, Fluch und Seligkeit eines jeden Sängers, war eine Schöpfung von Alessandro Scarlatti.
Der erste Komponist in der Musikgeschichte, von dem ein ganzer Band mit nur eigenen Werken gedruckt und herausgegeben wurde, war Josquin des Près um das Jahr 1500; der erste, der Doppelgriffe auf der Violine benutzte und die Fiedel von ihrem obskuren Dasein zu ihrer Vormachtstellung brachte, war Arcangelo Corelli.
Meister, die den Orchesterklang erweiterten und verbesserten, waren François Gossec, der in der zweiten Hälfte des achtzehnten Jahrhunderts die Klarinetten einführte; Gluck, der das Orchester durch Cymbeln und Trommeln bereicherte; A. Scarlatti, der ihm Hörner dazugab; und Tschaikowsky, der als erster eine Celesta einführte.

Kann man das Komponieren lehren? Der alte Michael Holzer, Chormeister in Liechtenthal, seufzte einmal: »Nie im Leben habe ich einen Schüler gehabt wie den Franzl Schubert. Grad daß ich ihm wieder was Neues beibringen will, merk' ich schon, daß er's bereits weiß!«
Es ist bekannt, daß *Elgar* mit sechsundfünfzig Jahren noch Posaune blasen lernte, um sachverständig für dieses Instrument komponieren zu können, dem eine besonders wichtige Rolle in seiner Symphonischen Studie

Falstaff zu spielen bestimmt war. Doch vermag man einem noch so lernbegierigen jungen Menschen mehr als die primitivsten Grundlagen der Technik zu übermitteln?
»Nein!« sagte *Bela Bartók,* einer der Großen der Moderne, der selbst auch ein erfolgreicher Lehrer gewesen ist. Er wies damit das Angebot einer Professur für Kompositionslehre an einer amerikanischen Universität zurück. »Heute bin ich mehr als je davon überzeugt«, sagte er, »daß ich nicht weiß, wie man das Komponieren lehren kann. Der einzige Weg dazu, es zu erlernen, ist das Komponieren selbst. Ja: man muß komponieren und Fehler machen, und immer weiterkomponieren, um es mit der Zeit besser und besser zu können.«
Der Komponist *Zingarelli,* Direktor des Konservatoriums von Neapel, unterhielt sich eines Tages mit Louis Spohr über Mozart – und zwar muß dies an die vierzig Jahre nach Mozarts Tode gewesen sein. »Wenn er nur etwas gründlicher studiert hätte, würde er sicherlich zum Schluß noch eine wirklich gute Oper geschrieben haben!«
Im Jahre 1832 bewarb sich der damals neunzehnjährige Verdi um die Aufnahme am Mailänder Konservatorium. Er fiel bei der Prüfung durch, zunächst, weil er bereits zu alt sei, doch überdies sein Klavierspiel den vorgeschriebenen Anforderungen nicht genüge. Jedoch schon sieben Jahre später öffnete ihm das berühmteste Opernhaus Italiens, die Mailänder Scala, seine Pforten und ermöglichte ihm mit der Aufführung seiner ersten Oper *Oberto, Conte Di San Bonifacio* den Beginn seiner glanzvollen Laufbahn.
Man unterhielt sich über Rossinis *Petite Messe Solennel-*

le, und jemand bemerkte: »Rossini hat letzthin viel gearbeitet und sicherlich eine Menge gelernt!« »Was hat er gearbeitet?« erkundigte sich Verdi. »Mir wäre lieber, wenn er alles wieder vergessen würde, was er dabei gelernt hat – und einen neuen *Barbiere di Seviglia* schriebe!«

Von Bellini sagte Verdi einmal, daß er unerhörte Qualitäten besitze, die ihm kein Konservatorium je hätte geben können. »Andererseits«, fügte er hinzu, »fehlen ihm ganz offenbar alle jene, die ihm jedes Konservatorium bestimmt hätte geben können!«

Beethoven hatte vier Lehrer: Neefe gab ihm die soliden grundlegenden Musikkenntnisse; bei Albrechtsberger, der sagte: »Er hat nie etwas gelernt und wird es auch nie zu etwas bringen!«, nahm er Unterricht im Kontrapunkt; Joseph Haydn, der ihn den »Großmogul« nannte, lehrte ihn die Geheimnisse der musikalischen Form, und Antonio Salieri führte ihn in die Welt der Melodie ein.

Salieri gab Beethoven auf, Melodien im alten italienischen Stil zu schreiben, und bestand auf klaren, reinen Tonfolgen. Eines Tages brachte ihm Beethoven eine Arie. »Das taugt nichts«, krittelte Salieri brummig bei der Durchsicht, »es ist zu überladen mit harmonischen und kontrapunktischen Firlefanzereien. Gehen Sie heim und machen Sie mir was Besseres!« Als Beethoven am nächsten Tage wiederkam, vernahm er zu seinem größten Erstaunen, wie Salieri seine Arie vor sich hin pfiff. «Sieh da, Maestro«, meinte er lächelnd, »so schlecht kann es demnach wohl doch nicht gewesen sein . . .«

Im Sommer 1828 fiel *Franz Schubert* eine Sammlung Händelscher Werke in die Hände. Zunächst schienen sie ihn nicht sonderlich zu beeindrucken, nach und nach jedoch begann er den gewaltigen Aufbau dieser Musik zu erkennen. Er studierte sie eingehender, sprach mit anderen darüber und wurde sich dadurch mit der Zeit der Grenzen seines musiktheoretischen Könnens bewußt.
Eines Tages teilte er seinem Freunde Vogl, dem großen Sänger, seinen Entschluß mit, diesem Mangel durch ernsthaftes Studium abzuhelfen. Vogl war damit von Herzen einverstanden, schlug als Lehrer den berühmten Sechter vor und erbot sich, Schubert dort einzuführen.
Simon Sechter, zu Lebzeiten Glucks geboren und noch immer am Leben, als Richard Strauss das Licht der Welt erblickte, war der hervorragendste Musiktheoretiker und Kontrapunktkenner seiner Zeit. Er pflegte jeden Tag mit dem Komponieren einer vollständigen Fuge zu beginnen. Als er mit achtzig starb, hinterließ er nicht nur ein umfangreiches musikalisches Erbe, sondern eine stolze Reihe bekannter Komponisten, die seine Schüler gewesen waren.
Am 4. November 1828, einem Dienstag, suchte Schubert Sechter auf. Sie führten eine lange und angeregte Unterhaltung. Sechter kannte selbstverständlich Schuberts Werk, bewunderte seine Lieder, seine Kammermusik, und stellte nun gewisse kompositorische Fragen, um die fraglichen Punkte herauszufinden, an denen sein Unterricht einsetzen müßte. Er gab ihm den Rat, sich Marpurgs berühmte Abhandlung »Über die Kunst der Fuge« zu beschaffen und sorgfältig durchzulesen. Daher beschlossen beide, den regulären Unterricht erst in weiteren vierzehn Tagen zu beginnen.

Am vereinbarten Morgen schritt Sechter nach Beendigung seiner täglichen Fugenkomposition wartend in seinem Zimmer auf und ab.
»Schubert ist unpünktlich«, dachte er. »Scheint mir ein etwas unzuverlässiger Bursche und braucht eine harte Schule. Er muß lernen, daß die Musik die höchsten Ansprüche an uns stellt und keinen Raum läßt für Trödelei und Firlefanz. Als Komponist muß man auf die Minute pünktlich sein, genau wissen, wann man beginnt und wann man endet ...«
Er wurde immer ärgerlicher. Schon war eine Stunde über die verabredete Zeit vergangen und noch nichts von seinem neuen Schüler zu erblicken. Jedoch er wartete. Irgendwie hatte er das Gefühl, daß dies Zusammentreffen von der größten Wichtigkeit sein könnte. Den begabtesten der zur Zeit lebenden Komponisten in die wunderbare strenge Welt des Kontrapunkts einzuführen, seine Kunst des schlichten Liederschreibens zu den Bereichen festgefügter, edler Stilformen zu erheben, vielleicht gar einen neuen Johann Sebastian Bach aus ihm zu machen – welch eine herrliche Aufgabe!
Simon Sechter wartete vergebens – Franz Schubert war am Tage zuvor nachmittags um drei Uhr gestorben.

Verdi bestand darauf, daß jeder Schüler der Kompositionslehre zu eingehendem Studium der großen klassischen Werke strengstens angehalten werden müsse.
»Seht euch Palestrina an, di Lasso und Bach«, rief er den musikbeflissenen jungen Italienern zu, »und bedenkt, daß wir zurückgehen müssen zu den alten Meistern, um vorwärtskommen zu können!«

Die großen Komponisten sind nahezu ausnahmslos alle Schnellarbeiter. »Gut komponieren heißt rasch komponieren«, sagte *Verdi* oft, »in einem Zuge hin. Ändern und Verbessern mache man dann zum Schluß!«
Die Tatsache, daß *Mendelssohn* zwölf Jahre brauchte, um seine *a-moll-Symphonie* zu beenden, oder *Weber* drei Jahre am *Freischütz* arbeitete, Meyerbeer gar fast zwanzig Jahre an seiner *Afrikanerin* bosselte (sie konnte erst ein Jahr nach seinem Tode uraufgeführt werden), ist dafür kein Gegenbeweis. Auch *Brahms* hat an seiner *Ersten Symphonie* zehn Jahre herumkomponiert. Er änderte ganze Passagen, schrieb sie völlig um und war dennoch nie ganz zufrieden. »Ich werde es nie zustande bringen«, sagte er verzweifelt zu Hermann Levi. »Du hast keine Ahnung, was für ein Gefühl das ist, hinter sich ständig den dröhnenden Schritt eines Riesen wie Beethoven zu hören!«

Mozart hat keines Riesen Tritt hinter sich gehört. Seine drei großen Symphonien, die E-Dur-, die g-Moll- und die *Jupiter-Symphonie,* schrieb er innerhalb von sechs Wochen, so daß er im Durchschnitt zehn Tage für eine jede brauchte. *Figaros Hochzeit* wurde im Laufe des April 1786 komponiert, Händels *Rinaldo* in vierzehn Tagen vollendet, genau wie Donizettis *Liebestrank*.
»Komponieren ist eine Kleinigkeit«, versicherte Donizetti, der mehr als einmal einen ganzen Opernakt nach Tisch herunterschrieb. »Schwierig sind nur diese verdammten Proben!« Im Laufe von dreißig Jahren hat er siebenundsechzig Opern geschrieben und aufgeführt.
Niccolò Zingarelli komponierte seine Oper *Alsinda* in

sieben und sein grandioses Meisterwerk *Giulietta e Romeo* in acht Tagen.
An das Ende des ersten Satzes seines b-moll-Quartetts schrieb Schubert eine Notiz: »In viereinhalb Stunden gemacht«, und allein in den Jahren 1815 und 1816 hat er dreihundertundzwanzig Werke vollendet. In zwei Tagen schrieb Mendelssohn seine Ouvertüre *Ruy Blas*, Chopin dreiundfünfzig seiner bedeutendsten Werke in vier Jahren und Offenbach neunzig Operetten in fünfundzwanzig Jahren. Vierzig Tage genügten Verdi für seinen *Rigoletto* und nur achtundzwanzig für den *Troubadour*.

Die *Ouvertüre* zu seinem *Don Giovanni* schrieb Mozart in einer einzigen gesegneten Nacht.
Zunächst konnte er sich nicht entschließen. Er hatte drei Entwürfe für diese Ouvertüre zu seiner neuen Oper herumliegen. Signor Guardasoni und sein Ensemble waren eifrig beim Probieren des Werkes in Prag; alles schien auf einen großen Erfolg hinzudeuten, doch noch fehlte die Ouvertüre.
Guardasoni wurde nervös, doch Mozart beruhigte ihn. »Ich hab' noch nie eine Direktion im Stich gelassen. Seien S' nicht ungeduldig, wir haben doch noch eine Menge Zeit!«
»Eine Menge Zeit?« Guardasoni wurde immer aufgeregter. »Aber Maestro, morgen haben wir die Generalprobe.«
Mozart lächelte. »Alsdann sollen Sie morgen Ihre Ouvertüre haben, Guardasoni!«
Am nächsten Nachmittag war die versprochene Ouver-

türe immer noch nicht eingetroffen. Der Impresario saß wartend in der Wohnung des Komponisten, wo er erfahren hatte, daß der Meister mit Freunden aufs Land hinaus gefahren sei. Erst gegen Abend kehrte er zurück, in der allerbesten Laune nach einem heiter genossenen Tag, da er mit seiner Frau getanzt und mit den Freunden Wein getrunken hatte. Als er den Impresario sah, rief er: »Guardasoni! Liebster Freund – keine Sorge! Sie werden Ihre Ouvertüre morgen haben!«

»Morgen? Ja, haben Sie denn ganz vergessen, Maëstro? Morgen ist Premiere! Das ist doch unerhört!«

»Lassen S' mich jetzt allein. Meine Frau wird mir einen Punsch brauen. Gehen S' schon! Ich will arbeiten.«

Der Impresario ging, und zehn Minuten drauf saß Mozart denn auch schon am Schreibtisch. Sein Entschluß war gefaßt. Nicht die Es-Dur-Ouvertüre noch die in c-moll würde es sein, sondern die in d-moll, mit den feierlich-ernsten, langsamen Einleitungstakten.

Constanze hatte ihm den Punsch gebracht und saß neben ihm, um still seiner Arbeit zuzusehen. »Ich bin müd', Stanzerl«, sagte er, »red' mit mir. Erzähl mir irgendwelche Geschichten, weil ich wach bleiben muß, um fertig zu werden.«

Und so begann Constanze zu erzählen, die alten Märchen der Scheherezade von Ali Baba und den vierzig Räubern, von Sindbad dem Seefahrer und von Aladdin mit der Wunderlampe, wobei seine Feder hurtig übers Papier glitt, Bogen um Bogen füllend.

Gegen drei Uhr morgens konnte er nicht mehr weiter vor Erschöpfung. »Grad eine Stunde muß ich schlafen, Stanzerl, nicht mehr«, sagte er. »Weck mich bestimmt um vier Uhr, ja?«

Constanze ließ ihn bis fünf Uhr auf dem kleinen Sofa schlafen. Als sie ihn nun weckte, begann er sofort wieder zu arbeiten, und um sieben Uhr fand der Kopist die fertige Partitur auf dem Tische vor.
Zwölf Stunden später betrat Wolfgang Amadeus Mozart, strahlend und selbstsicher, den Orchesterraum der Prager Oper. Donnernder Applaus grüßte ihn, er verbeugte sich dankend vor dem Publikum, dann wandte er sich um und hob die Hände. Er gab das Einsatzzeichen, und die berühmtesten d-moll-Akkorde der Welt erklangen zum ersten Male für alle Ewigkeit.

Honegger vollendete seinen *König David,* eines der Meisterwerke der modernen Musik, innerhalb von zwei Monaten.
»Hatten Sie einen genauen Plan, als Sie mit der Arbeit begannen«, fragte ihn eines Tages ein amerikanischer Reporter, »oder haben Sie sich unbesehen hineingestürzt?«
»Je nun«, gab Honegger mit breitem Lachen zurück, »ich hatte, ehrlich gesagt, keine Zeit für irgendwelche Theorien. Ich mußte die ganze Geschichte in zwei Monaten fix und fertig haben. Erst dachte ich an Bach, an kristallklares, polyphones und kontrapunktisches Komponieren. Doch schon nach einer Woche erkannte ich, daß ich auf diese Weise niemals damit fertig würde. Dazu ist nämlich viel zu viel Nachdenken, Planen und Musikmathematik notwendig. Und so ging ich zu Strawinsky über. Ich sagte mir: gewagte, interessante Harmonien – das ist das Richtige! Aber wieder war da diese gräßliche Zeitknappheit, und man braucht Stunden

über Stunden, um sich solch komplizierte Harmonien einfallen zu lassen, ganz abgesehen von all den vielen Noten, die man zum Niederschreiben haben muß.«

»Und was haben Sie daraufhin zum Schluß getan?« erkundigte sich der Reporter.

»Zum Schluß?« meinte Honegger, wiederum lachend. »Nun ich habe mich, zum Schlusse, auf den guten alten Massenet verlassen!«

Und dennoch: ungeachtet all dieser wohlbekannten Bravourstücke von Rossini, Mozart und Honegger, hält den unerreichten Weltrekord im Schnellkomponieren wohl für alle Zeiten *Oscar Hammerstein I,* der bekannte New Yorker Impresario und Onkel von Oscar Hammerstein II, der seinerseits durch *Oklahoma, Show-boat* und *South Pacific* berühmt wurde.

Der alte Hammerstein ging einmal mit Gustav Kerker, dem Komponisten der *Belle of New York,* eine Wette ein, daß er Text und Musik einer abendfüllenden Oper in achtundvierzig Stunden schreiben könne. Da Kerker die Wette angenommen hatte, wurde Hammerstein einige Zeit später – und nachdem er sorgfältig nach etwa verborgenen Manuskripten durchsucht worden war – in ein Hotelzimmer eingeschlossen.

Zwei Tage später kam er wieder zum Vorschein mit Textbuch und Partitur einer kompletten Oper, betitelt *Koh-I-Nor.*

Noch nicht zufrieden mit diesem einzigartigen Ergebnis, ging er noch einen Schritt weiter und brachte das Werk in der alten Harlem-Oper von New York auf die Bühne. Aber *Koh-I-Nor* war ein Riesendurchfall, lief nur eine Woche und kostete Hammerstein ein Vermögen. Immerhin hatte er den Trost, damit eine Wette um hundert Dollar gewonnen zu haben.

Mögen auch Zahlen trügen, und mag man sich wohl die Tatsache vor Augen halten, daß das Komponieren in früheren Tagen mit ihrem viel kleineren technischen Aufwand und den schwachbesetzten Orchestern sehr viel weniger Zeit in Anspruch nahm als heute, ist man doch beinah bestürzt, wenn man sich das Lebenswerk einiger alter Meister betrachtet.

Orlando di Lasso schrieb mehr als zweitausend Werke, die vom gewöhnlichen Straßenlied bis zur erhabensten und edelsten Kirchenmusik reichen.

Die Gesamtausgabe der Werke von Henry Purcell besteht aus sechsundzwanzig Quartbänden; Alessandro Stradella komponierte einhundertfünfzehn Opern, zweihundertzwanzig Messen, vierhundert Serenaden und über hundert andere Stücke. Reinhard Keiser, Händels Vorgesetzter in dessen Hamburger Zeit und ein höchst produktives Operngenie, schrieb einhundertzwanzig Opern, die jeweils etwa fünfzig verschiedene Musiknummern enthielten.

Händels Arbeitsleistung ergab vierhundert Werke, die Haydns achthundert, worunter sich einhundertfünfzehn Symphonien befinden, und Mozart schrieb in seinem kurzen Leben einundvierzig Symphonien, einundzwanzig Opern, sechzig Konzerte, fünfzehn Messen, einunddreißig Divertimenti, fünfundvierzig andere Instrumentalwerke, achtundachtzig Quartette, dreiundzwanzig Klaviersonaten, fünfzehn Variationssätze, vier

Phantasien, zahllose Lieder, Kantaten, Arien und allerhand sonst.
Hasse, der große Widersacher Glucks, hat hundert Libretti von Metastasio in Musik gesetzt, manche von ihnen sogar drei- oder viermal. Nahezu alle diese Partituren wurden im verheerenden Brande Dresdens im Jahre 1760 ein Raub der Flammen.
Gluck selber kann hundert Bühnenwerke aus seiner Feder aufweisen; Piccini, sein Pariser Rivale, einhundertneununddreißig. Telemann komponierte sechshundert Ouvertüren, Quantz dreihundert Konzerte, und der merkwürdige Franz von Suppé mit dem *Dichter-und-Bauer*-Ruhm schrieb nicht allein zweihundertsechsundsiebzig Bühnenwerke, sondern darüber hinaus auch eine Messe und ein Requiem.
Gewiß der fruchtbarste Komponist unserer Zeit ist der Russe Nikolai Miaskowsky, dessen Werk, neben unzähligen anderen Arbeiten, allein fünfundzwanzig abendfüllende Symphonien umfaßt.
Anton von Webern, der rätselvolle österreichische Atonale, steht einsam und verloren am genau entgegengesetzten Ende dieser Reihe: alles, was er der Welt hinterlassen hat, ist ein kleiner Packen von dreißig kurzen Musikstücken . . .

Eines Tages kam *Richard Strauss* aus Barcelona, wo er eine Aufführung seiner *Salome* geleitet hatte, und fand sich im Abteil des Zuges mit einem Unbekannten – es war der spanische Dirigent Lasalle – der, ihn scharf anblickend, plötzlich vor sich hin pfiff:

Strauß mußte lachen und fuhr fort:

»Ja freilich«, setzte er vergnügt hinzu, »ich weiß ganz genau, daß das *Salome*-Thema aus Rossinis *Barbier* ist!«
Sie wurden daraufhin die besten Feunde.
Etwas Entwaffnendes hat auch das Geständnis eines bekannten Hollywood-Komponisten, der den Auftrag hatte, fünfhundert Seiten Partitur innerhalb von vier Wochen zu schreiben.
»Da wirst du alles drangeben müssen«, meinte ein Freund.
»O nein!« erwiderte der Meister, »nicht ich – aber Tschaikowsky, Dvořák und Sibelius!«

Der ständig nur neugierig herumschnüffelnde Musikdetektiv aus eigenen Gnaden, der – gewöhnlich selbst ein verhinderter Komponist – keinem neuen Musikstück lauschen kann, ohne irgendeine Ähnlichkeit mit einem anderen zu entdecken, ist ein krankhafter Narr. Er ist wie ein Weinschmecker, dem es mehr auf Marke und Herkunft ankommt als auf den Genuß, und man hat von solchen Leuten gesagt, daß für sie in der Hölle ein

ganz besonderer Bezirk aus Eis und Feuer reserviert sein müsse.
»Wie herrlich ist Ihre *c-moll-Symphonie*«, bemerkte jemand einmal *Brahms* gegenüber, »und wie bedauerlich doch, daß das Thema im Finale so sehr an das aus Beethovens *Neunter* erinnert!«
»Ach ja«, meinte Brahms darauf, »und noch bedauerlicher, daß jeder blöde Esel das gleich merken muß!«
Man möchte nur ungern als blöder Esel angesehen werden und erst recht nicht auf jenen eigens reservierten Platz in der Hölle reflektieren; aber die besonders auffallenden musikalischen Übereinstimmungen oder Ähnlichkeiten aufzuzählen, ohne deswegen die Betreffenden gleich des Diebstahls zu beschuldigen, ist doch ein höchst reizvolles Vergnügen, das man sich nicht entgehen lassen sollte.
Purcell führt, im wahrsten Sinne des Wortes, den Reigen an. Für seinen ›Tanz der unterirdischen Winde‹ in *Tempest* entlieh er sich die ›Windreigen‹-Melodie aus Lullys *Cadmus und Hermione.*
Bach benutzte Weisen von Corelli und Vivaldi, und das Thema seiner großen *c-moll-Fuge* stammt Note für Note von Johann Mattheson. Haydn verwandte kroatische Volkslieder und Zigeunerweisen, der Fandango in Mozarts *Figaro* kommt aus Glucks *Don Juan* und das Grundthema der *Zauberflöten*-Ouvertüre aus Bachs *Fuge in Es.* Eine erstaunliche Ähnlichkeit besteht zwischen dem Vorspiel zu Mozarts *Bastien und Bastienne* und dem Thema zu Beethovens *Eroica,* die fünfunddreißig Jahre später geschrieben wurde.
Hummel wurde einmal befragt, welch schöne Gedanken ihn wohl zu seinem entzückenden *Rondo in Es* angeregt

hätten. »Das Grundthema von Bachs *cis-moll-Fuge*«, erwiderte er offenherzig, »und der erhoffte Verdienst von achtzig Dukaten!«

Mit Rossini begegnen wir einem bereits bedenkenloseren Dieb: ›Zitti, zitti‹ aus dem *Barbier von Sevilla* ist Haydns ›Schon eilet froh der Ackersmann‹ aus den *Jahreszeiten;* ›Languir per una bella‹ aus der *Italienerin in Algier* stammt von Mozart, und das Hauptthema aus der Ouvertüre zur *Belagerung von Korinth* ist ganz klar aus Benedetto Marcellos *Einundzwanzigstem Psalm* entlehnt.

Richard Wagners ›Untaten‹-Aufzählung enthält leichte Anleihen aus Mendelssohns *Walpurgisnacht* für den *Lohengrin* (›Wie faßt uns seligsüßes Grauen‹); aus Webers *Freischütz* im *Tannhäuser*-Marsch und seinem *Oberon* in Elsas Traum (*Lohengrin*); aus Nicolais *Lustigen Weibern von Windsor* in den *Meistersingern* (›Mein Freund, in holder Jugendzeit‹); aus Berlioz' *Romeo und Julia* zu Tristans Liebesmotiv (Wagner bezeichnete dies Berlioz-Thema als ›die schönste musikalische Phrase des Jahrhunderts‹), und das Glockenläuten aus dem *Parsifal* stammt von Liszt. »So wird es denn wenigstens jetzt gehört werden«, bemerkte Liszt, als Wagner ihm die Stelle vorspielte. Und James Hunecker hat einmal gesagt: »Wagner hat Liszt mehr zu verdanken als nur Geld, Sympathie und eine Frau!«

Brahms hat, nach eigener Aussage, niemals gezögert, sich zu nehmen, was ihm gefiel. Abgesehen von den *Ungarischen Tänzen,* die er niemals als originale Kompositionen ausgegeben hat – es waren fast durchweg Zigeunerweisen –, finden wir daher den Widerhall von Schuberts *Am Meer* im *C-Dur-Trio,* aus den *Meistersingern* in der *Violinsonate in A* und aus der Romanze von Schumanns *d-moll-Symphonie* im dritten Satz von Brahms' *Dritter.*

Mendelssohn verdankte die Arie ›Herr zu allen Zeiten‹ aus seinem *Lauda Sion* einem Stück aus Bachs *Magnificat,* Herold seine *Zampa*-Ouvertüre dem *Harmonischen Grobschmied* von Händel, Meyerbeer nahm sein Gebet aus dem *Propheten* von Beethovens *Violinromanze* und Liszt die Melodie für *Les Preludes* aus Rossinis *La Donna Del Lago* (»Ich tat das nur«, versicherte Liszt, »um Rossini damit eine Freude zu machen«). Verdi fand den Beginn zu seinem *Requiem* in Schuberts *a-moll-Quartett* und Richard Strauss das Nocturno seiner *Symphonia domestica* im Gondellied aus Mendelssohns *Lieder ohne Worte.*

Der Fall Händel jedoch ist einzig, ohne Beispiel und von niemand übertroffen. Seine Gesamtproduktion entspricht der von Haydn, Mozart und Beethoven zusammengenommen, und bei ihm geht es nicht darum, gelegentlich hier einen Takt, dort eine Anregung zu nehmen: es handelt sich um glatten Raub im großen Stile.

Cecil Gray hat festgestellt, daß sechzehn von den sechsunddreißig Abschnitten von *Israel in Ägypten* den Werken anderer entnommen sind, und Dr. Crotch stellte ein Verzeichnis auf von neunundzwanzig Komponisten, angefangen mit Josquin des Près, die von Händel ausgeplündert wurden. Unter jenen, die von dem großen Meister auf solche Weise geehrt und unsterblich gemacht wurden, finden wir: Francesco Antonio Urio, einen Mailänder, aus dessen *Te Deum* Händel zehn Nummern für sein *Dettinger Te Deum* verwendete und sechs für seinen *Saul;* Johann Caspar Kerl, dessen *Orgel-*

Kanzone den Chor »Ägypten, wir sind froh« hergab; Alessandro Stradella, aus dessen *Serenata* ganze Teile für *Israel in Ägypten* genommen wurden, und so berühmte Komponisten wie Carissimi, Keiser, Muffat und Graun lieferten erhebliche Brocken zu *Jephta, Israel in Ägypten* und der *Cäcilien-Ode.*

Daß Händel mit all diesen Plagiaten unbehelligt davonkam, ist um so erstaunlicher, als zu seiner Zeit die Affäre Buononcini unangenehmes Aufsehen erregt hatte. Im Jahre 1728 hatte man Giovanni Buononcini auf Grund seines Madrigals ›In una siepe ombrosa‹ zum Mitglied der Londoner Akademie für Alte Musik gemacht. Wenige Jahre später sickerte durch, daß dies Madrigal eine Komposition von Antonio Lotti war, einem venezianischen Meister. Infolgedessen wurde Buononcini umgehend wieder aus der Akademie hinausgeworfen und all seiner Posten enthoben.

Händel gab die Wahrheit niemals zu, äußerte nie, wie verpflichtet er anderen sei. Dabei durchpflügte er ständig die Musik der toten wie der lebenden Meister, nahm daraus, was ihm gefiel, und machte es durch ein wenig Umkneten und Neuformen ›händelisch‹.

Wenngleich dies alles seinen Zeitgenossen keineswegs verborgen blieb, wurde er deswegen, im Gegensatz zu dem armen Buononcini, dennoch niemals angeklagt oder bestraft. Auf gelegentliche Vorwürfe hatte er eine reichlich schwache und naive Entschuldigung: »Aber diese Schweine wissen doch eben einfach nichts mit einer guten Melodie anzufangen . . .!«

Von allen mehr oder weniger plausiblen Erklärungen dieser Händelschen Missetaten scheint mir eine von Ernest Newman als einzige genau den Kern der Sache zu treffen; Newman spricht von einer ›Perversität der Moral‹. »Niemand stahl je so systematisch, so über alles Maß«, meinte der bekannte Musikhistoriker, »und hatte es zu gleicher Zeit doch so wenig nötig.«

Der eigenartige Fall von »umgekehrtem Plagiat«, wie man es mangels eines genaueren Ausdrucks dafür wohl bezeichnen könnte, nämlich die Autorschaft eigener Kompositionen irgendwelchen anderen anerkannten Meistern zuzuschieben, hat sich in der gesamten Musikgeschichte nur ein einziges Mal ereignet.

Der Schuldige – wenngleich eine derart verächtliche Bezeichnung für den fraglichen Fall wohl nicht gerechtfertigt sein dürfte – war der liebenswürdige und allseits beliebte Mensch Fritz Kreisler.

Der große Violinkünstler hatte bei seinen Konzerten häufig als Zugabe ein selbstkomponiertes kleines Stück mit dem Titel *Caprice Viennois* gespielt. Eines Tages wurde er von einem Wiener Kritiker heftig deswegen angegriffen, daß er dem Publikum einen solchen Schmarren zumute. Kreisler war schwer gekränkt, und da er wohl wußte, wie sehr Virtuosen zu kämpfen hatten, um als Komponisten ernstgenommen zu werden, beschloß er, fortan seinen Namen auf seinen Programmen nicht mehr erscheinen zu lassen.

Dreißig Jahre lang spielte er als Zugaben seine »Arrangements« bezaubernder kleiner Stücke von Vivaldi, Corelli, Lully, Viotti, Rameau, Scarlatti, Lanner – und sogar Johann Strauß. Zu Tausenden griffen auch andere Geiger der ganzen Welt zu diesen erfolgreichen Neuentdeckungen, und *Liebesfreud, Liebesleid, Schön Rosmarin* wurden millionenfach verkauft, bis Olin Downes, der hervorragende amerikanische Musikkritiker, den guten Fritz zur Strecke brachte. Neugierig gemacht durch die Schönheit eines Stückes *Präludium und Allegro* von Pugnani, ›arrangiert‹ von Fritz Kreisler, begann sich Downes für den Komponisten Pugnani zu interessieren. Er durchstöberte dessen Werke, fand eine Unmenge langweiliges und ledernes Zeug, aber so eifrig er auch suchte, entdeckte er doch nirgends eine Spur jenes *Präludium und Allegro*.

So zog er denn geradeheraus den Geiger selbst zur Rechenschaft, doch Kreisler erwiderte ausweichend. Er habe das Stück in einem alten norditalienischen Kloster gefunden, behauptete er, und könne zu seinem größten Bedauern das Originalmanuskript nicht vorweisen, da die Mönche es unglückseligerweise in ihrer weitläufigen Bibliothek verlegt hätten.

Downes gab sich nicht zufrieden. Er erklärte, daß er keinen Augenblick daran glaube, Pugnani habe jemals dieses Stück komponiert, ebensowenig – dessen sei er gewiß – irgendeiner jener anderen Meister, deren Werke Kreisler so glänzend und uneigennützig ›arrangiert‹ habe. Es sei seine feste Überzeugung, fuhr Mr. Downes fort, daß alle diese Sachen von Kreisler selbst stammten.

Diesen Tatbeständen gegenüber konnte Kreisler nur noch ein Geständnis ablegen. In einem ausführlichen Telegramm an Olin Downes vom Jahre 1935 erklärte er, daß ihm vor etwa dreißig Jahren dies als einziger Ausweg aufgezwungen worden sei, da ihn die Presse angriff, weil er in seinen Konzerten eigene Kompositionen gespielt habe und das Publikum ihnen eine sehr kühle Aufnahme bereitete. Doch weil er das Komponieren nicht lassen konnte, habe er dann eines Tages, nur um die Wirkung auszuprobieren, einmal etwas unter dem Namen Vivaldis in eines seiner Programme geschmuggelt. Es wurde im Moment ein rauschender Erfolg. Kritiker und Zuhörer priesen den Charme der meisterlichen Komposition, ein Verleger erbot sich zum Druck, andere Geiger spielten es auch ... und so begann die Lawine zu rollen.

Später, als diese kleinen Stücke weltbekannt geworden waren, mochte er die Wahrheit nicht mehr gestehen – es schien ihm alles ein wenig zu kompliziert zu erklären.

Olin Downes veröffentlichte Kreislers Beichte in der *New York Times*. Es gab eine Weltsensation, die Gelächter, Überraschung, Ärgernis und Zorn erregte. Immerhin war Kreisler nun als Komponist von Rang anerkannt, und eines der merkwürdigsten Täuschungsmanöver der Musikgeschichte hatte sein Ende gefunden.

Die amüsante Spielerei, aus den Buchstaben eines Namens musikalische Themen zu bilden, scheint mit Bach begonnen zu haben, der seine *Kunst der Fuge* gewissermaßen zeichnete mit der abschließenden Fuge über das Thema

Beethoven verwendete die gleichen vier Noten in seinem *e-moll-Quartett* und Schumann in seinen *Sechs Orgelfugen, Op. 60*. Schumann entwickelte diese Gewohnheit zu einer glänzenden Kunst. Sein *Opus 1*, die *Abegg-Va-*

riationen, ‹Mademoiselle Pauline Gräfin Abegg gewidmet› (ein Phantasiename für seine Freundin Meta Abegg), haben als Grundthema

Auf den Namen seines Freundes Niels W. Gade, des dänischen Komponisten, schrieb er sein ›Nordisches Lied‹ aus dem *Album für die Jugend* auf folgende Weise:

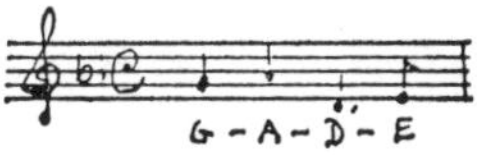

Er fand nicht nur heraus, daß die Buchstaben des Namens Gade die Töne der vier aufgespannten Saiten einer Geige sind, sondern daß man diesen Namen unter Benutzung der vier Schlüssel, in Uhrzeigerrichtung gelesen und beginnend mit dem Tenorschlüssel, mit einer einzigen Note folgendermaßen schreiben kann:

In Schumanns Opus 99, *Bunte Blätter,* findet sich ein Walzer auf die Buchstaben

Es war dies eine zarte Huldigung an seine erste Liebe, Ernestine von Fricken, geboren in Asch in Böhmen, und schon einmal von ihm zuvor im *Opus 3, Karneval* mit Variationen, auf die gleichen Buchstaben versucht.
Brahms' *F-Dur-Symphonie* benutzt die Anfangsbuchstaben seines Leitspruchs *Frei, aber froh!* – F, A, F – in der folgenden Weise:

Ravel schrieb eine Berceuse auf den Namen seines Freundes, des Komponisten Fauré; und vier russische Komponisten, nämlich Rimskij-Korssakow, Borodin, Glasunoff und Liadoff verfielen auf die Idee, ein Streichquartett auf die Noten B-LA-F zu schaffen, zu Ehren ihres gemeinsamen Freundes und Verlegers Belaieff.
Spohr berichtet in seiner Selbstbiographie von einem Komponisten Friedrich Ernst Fesca, der ein Streichquartett mit folgendem Thema einleitete:

und zitiert die Form, in der er seinen eigenen Namen zum Thema eines Streichquartetts machte:

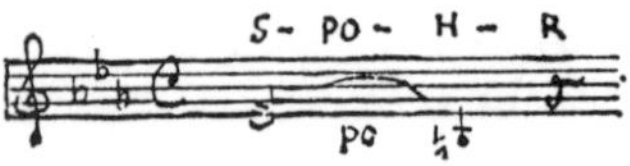

wobei das Pausenzeichen als r fungiert (die alte Abkürzungsform für piano).

Manchmal bringt es der Zufall, daß wir einen Komponisten sozusagen in geistigen Pantoffeln erwischen und in einem kurzen Augenblick sein Werk charakteristischer und wahrhaftiger vor uns steht als durch so manche tiefgründige erläuternde Darstellung.

Da wäre Papa *Haydn*, der sich rasiert. John Bland, der englische Musikverleger, war ein unternehmender Geschäftsmann. Er machte sich auf die weite Reise von London nach dem Schlosse Esterháza in Ungarn, um mit Joseph Haydn zu sprechen und möglicherweise einige seiner neuesten Kompositionen zu erwerben.

Er traf am Morgen ein und begab sich stracks in die Behausung des Meisters. Haydn war eben beim Rasieren. Er bat seinen Besucher, sich solange zu setzen, und während Bland nun wartete, vernahm er ein Fluchen und Schimpfen auf das Rasiermesser. »Vermaledeites Ding, es tut's wieder mal nicht! Man könnte reinweg verrückt drüber werden!« Und dann entfuhr es Haydn wütend: »Ich würde mein bestes Quartett hingeben für ein anständiges Rasiermesser!«

Bland verschwand wortlos aus dem Zimmer und kehrte nach einer Weile mit einem brandneuen Satz Sheffielder Rasierklingen zurück, die er Haydn überreichte. Der Komponist lachte: »Und nun möchten S' wahrscheinlich mein bestes Quartett haben, Mr. Bland, nicht wahr?«

Er trat an seinen Schreibtisch und nahm das dortliegende Manuskript, um es dem Engländer in die Hand zu drücken. »Da wär's!«

Es war das f-moll-Quartett, eines der ewigen Meisterwerke der Kammermusik, das *Rasiermesser-Quartett.*

Frau Adelheid Wette, die Frau eines Frankfurter Arztes, schrieb in jedem Jahre ein kleines Stück, das die Kinder zum allgemeinen Vergnügen der ganzen Familie zu Weihnachten aufführten. Und in jedem Jahre hatte ihr lieber Bruder, der Herr Musikprofessor *Engelbert Humperdinck,* die Freundlichkeit, dafür einen musikalischen Hintergrund beizusteuern.

Einmal jedoch, als er wieder ein solches Stück seiner Schwester durchlas, hatte Humperdinck das Gefühl, daß dies mehr sei als ein bloßes Kindervergnügen. Adelheid hatte die alte Geschichte von Hänsel und Gretel in schlichten und sauberen Versen zum ausgezeichneten Textbuch einer Märchenoper gemacht. Nachdenklich und langsam schritt der kleine Professor auf sein Klavier zu, begann ein Vorspiel, und mit einem Male, wie von einem Zauberstab berührt, begannen die beiden Kinder, ihr Besenbindervater, die böse Hexe, ja selbst der Wald und das kleine Haus darin zu atmen und zu leben.

Einige Wochen darauf erzählte Humperdinck Hermann Levi, dem Leiter des Münchner Hoftheaters, von seiner neuen Oper; er spielte ihm einiges daraus vor, und Levi versprach, hingerissen von der Anmut dieses kleinen Werkes, es zu bringen. Weil jedoch, wegen anderer Verbindlichkeiten, es noch eine Weile dauern könne, schlug er vor, wenigstens das Traumzwischenspiel bereits in seinem nächsten Konzert zu spielen, vor einer späteren Bühnenaufführung.

Zufällig war bei jenem Konzert ein achtundzwanzigjähriger Musikbeflissener anwesend, ein Herr Richard Strauss, zu jener Zeit Korrepetitor am Weimarer Opernhaus. Der Herr Kapellmeister war ehrgeizig und

tatendurstig und hatte das richtige Gehör für wirklich gute Musik. Er verschaffte sich die Partitur und schrieb an Humperdinck:
»Sie haben ein erstklassiges Meisterwerk geschrieben, mein Lieber. Ein Werk, das die Deutschen gar nicht verdienen. Hoffen wir zu Gott, daß sie es wenigstens werden zu schätzen wissen! Ich erbiete mich, das Stück unverzüglich in Weimar herauszubringen.«
Humperdinck war einverstanden, und so geschah es, daß *Hänsel und Gretel*, unter der Stabführung von Richard Strauss, am 23. Dezember 1893 zum ersten Male ihr »Ringel-Ringel-Reihe« sangen und tanzten.

Als die Großen noch sehr klein waren

Auf einer Hollywood-Party erkundigte sich kürzlich eine Dame bei *Jascha Heifetz:* »Wie alt waren Sie, Mr. Heifetz, als Ihre Karriere begann?« Jascha lächelte huldvoll: »Mein erstes Konzert habe ich mit sechs Jahren gegeben. Damals übte ich acht Stunden am Tage. Ich spielte Bach, Beethoven und Tschaikowsky und hatte einen sensationellen Erfolg.« Besorgt wollte Harpo Marx wissen: »Und vorher, Jascha? Ehe Sie sechs waren, meine ich – was taten Sie da? Nur so herumgebummelt?«

In Wahrheit ist diese überspitzt formulierte Besorgnis der Frage von Harpo Marx jedoch leider nur zu berechtigt. Wer sich berufen fühlt, die Musik als Ziel und Sinn seines Lebens anzusehen, kann sich nicht leisten, ein Bummler zu sein, auch wenn man noch keine sechs Jahre alt ist. Musik muß man in frühester Jugend beginnen; und mag es auch nur wenige Dichter, Maler oder Gelehrte geben, die Bemerkenswertes bereits vor Mitte der Zwanzig hervorgebracht haben, so doch kaum einen bekannten Musiker, bei dem dies nicht der Fall gewesen wäre.

»Ich komponierte damals wie der Teufel«, sagte *Händel* einmal im Gespräch über seine Jugend. Und in der

Tat: zwischen seinem zehnten und dreizehnten Jahr hat er mehr als hundert kirchenmusikalische Werke geschrieben, und als er zwanzig war, konnte er bereits drei öffentlich aufgeführte Opern aufweisen.

Eine blendende, wahrhaft glanzvolle Aufzählung, doch ihre Gegenseite ist schauervoll. In dem Alter, als Shakespeare seinen *Hamlet* schrieb, lag Schubert schon fünf Jahre im Grabe; als Leonardo da Vinci sein *Abendmahl* begann, war Mozart bereits sieben Jahre tot; und Galileo Galilei vollendete seine *Dialoghi delle nuove scienze* in einem Alter, das Beethoven gar nicht mehr erlebte.
Es scheint eine physische Notwendigkeit, daß musikalische Kinder ihr Talent in allerfrühester Jugend erkennen und, einmal des einzuschlagenden Weges sicher, sich die harten Anforderungen des Handwerks zu eigen machen, um dann unvermutet auf die Öffentlichkeit losgelassen zu werden. Für wirklich große Erfolge müssen diese drei Dinge rasch aufeinander in ungebrochener Folge geschehen.

Mit siebzehn Jahren wurde *Georges Bizet* die am meisten begehrte Anerkennung der musikalischen Welt zuteil: er gewann den Rompreis, der ihn zu einem dreijährigen Aufenthalt in der Ewigen Stadt berechtigte. Vor seiner Abreise aus Paris bat er seinen Lehrer Carafa um ein Empfehlungsschreiben an den großen Mercadante, damals Patriarch der italienischen Komponisten und Direktor des Konservatoriums von Neapel. Bewaffnet mit diesem wirksamen Einführungsbrief nahm er sich dann bald vier Wochen Urlaub von seiner Arbeit in Rom, um dem Meister in Neapel seine Verehrung zu bezeigen. Doch hatte Neapel, außer dem großen Mercadante, noch andere Anziehungspunkte für den jungen Bizet: Ausflüge nach Capri, Opernaufführungen in San Carlo und bezaubernde schwarzhaarige Neapolitanerinnen. Wieder und wieder schob er den Besuch bei dem großen Alten hinaus, bis sich Bizet eines Tages auf dem Rückweg nach Rom befand – und der Brief noch immer ungenutzt in seiner Tasche steckte. Er nahm ihn heraus, betrachtete ihn unschlüssig und spürte mit einem Mal den seltsamen Wunsch, herauszufinden, was sein Lehrer über ihn dachte. Entschlossen riß er den Brief auf und las:

»Mein lieber Freund Mercadante,

ich möchte Dir einen meiner Schüler empfehlen, Monsieur Georges Bizet. Er ist ein ganz bezaubernder und reizender junger Mensch – intelligent, sympathisch, wohlerzogen und umgänglich. Ich bin sicher, daß er Dir sehr gefallen wird.

Stets
Dein Carafa.

P. S. Bizet hat nicht die leiseste Spur irgendeiner musikalischen Begabung.«

Als Wunderkinder wurden Mozart und Weber von ihren Vätern unbarmherzig ausgebeutet; Händel und Berlioz wiederum litten darunter, daß ihre Erzeuger heftig gegen ihre musikalischen Neigungen ankämpften, während Abraham Mendelssohn, der Sohn des großen jüdi-

350 Takte Pause

schen Philosophen Moses Mendelssohn, das Talent seines Sohnes Felix förderte und ihn sich frei entfalten ließ. Er engagierte bekannte Instrumentalisten und bat sie, in seinem Hause die ersten Werke seines Sohnes zu spielen. Dazu lud er Zuhörer von Rang und Namen ein: den Komponisten Zelter, den Philosophen Hegel, den Dichter Heine, Tieck, den Shakespeare-Übersetzer, und sogar Niccolò Paganini kam. Der alte Mann strahlte vor Stolz, wenn man ihn zu den Leistungen seines Sohnes beglückwünschte. »Nun ja«, sagte er gern, »als ich jung war, bin ich der Sohn vom Moses Mendelssohn gewesen. Jetzt bin ich der Vater vom Felix Mendelssohn! Was bin ich selber nun eigentlich? Nichts als ein Bindestrich zwischen zwei Generationen!«

Brahms' Vater war ein umherziehender Musikant, der mit seinem Kontrabaß gegen jämmerlichen Lohn zum Tanz aufspielte in irgendwelchen Gartenlokalen, jedoch zeit seines Lebens das angebetete Idol seines Sohnes blieb. Als einmal Johannes, schon als weltberühmter Komponist, in seine Heimatstadt Hamburg zurückkehrte, um ein Konzert zu geben, bestand der alte Mann darauf, den Kontrabaß im Orchester zu spielen. Man konnte es ihm schlecht abschlagen, wenngleich sein Können völlig unzureichend für die Schwierigkeiten der *Serenade*, op. 11, seines Sohnes war. Die Proben wurden zum Alptraum für den Dirigierenden. Schließlich hielt er es nicht mehr aus, er unterbrach, hustete ziemlich verlegen und dachte kurz nach, wie er es seinem Vater am besten beibringen könne. In genau diesem Augenblick tönte die sonore Stimme des alten Brahms durch den

ganzen Saal: »Ich weiß, was du sagen willst, Hannes – aber sag's nicht, halt lieber deine große Klappe!«
Der alte Mann weigerte sich hartnäckig, von seinem Sohne irgendwelches Geld anzunehmen, und nur mit umständlicher Rücksichtnahme und viel Takt vermochte Brahms, ihm Unterstützung zu gewähren. So sagte Johannes einmal, als sie sich für längere Zeit trennten, zum alten Brahms: »Glaub mir, Vater, Musik ist in allen Lagen der größte Trost. Wann immer du mutlos bist und das Gefühl hast, du brauchtest irgend etwas, das dich aufrichten könnte, so nimm nur die alte Partitur von Händels *Saul* dort zur Hand und lies darin – ich bin sicher, daß du finden wirst, was du brauchst!«
Nicht lange danach sah sich der Vater in Schwierigkeiten. Er entsann sich der Worte seines Sohnes und blätterte in der abgegriffenen Partitur. Was er fand, war tatsächlich genau das, was er brauchte: sein Sohn hatte sorgfältig hinter jede einzelne Seite eine Banknote gesteckt!

Zu den erstaunlichsten Bravourleistungen junger Musiker gehören wohl: die Ausdauer, mit der *Bach* als Zehnjähriger, ohne Kerzenlicht, beim Schein des Mondes ein langes halbes Jahr hindurch heimlich einen ganzen Band Klaviermusik abschrieb, die er unbedingt besitzen wollte; *Tschaikowskys* Einfallsreichtum, als er – damals im Kompositionsunterricht – an einem einzigen Tag 200 kunstvolle Variationen auf ein gegebenes Thema ersann; und der Beweis einer erstaunlichen Musikalität, der *Brahms* berühmt machte und zum Ausgangspunkt seiner Karriere wurde. Er befand sich auf Tournee mit dem ungarischen Geigenvirtuosen Eduard Reményi. Als sie eines Abends in Celle bei Hannover bereits das Podium betreten hatten, merkten die beiden Künstler, daß man das Klavier um einen halben Ton zu tief gestimmt hatte. Reményi fürchtete, daß seine Wiedergabe der Beethovenschen c-Moll-Sonate, op. 30, No. 2, den gewohnten Glanz verlieren könne, und weigerte sich, seine Geige herunterzustimmen. Da setzte Brahms, ohne zu zögern, mit seinem Klavierpart um einen halben Ton höher ein und spielte diese ganze schwierige Sonate fehlerlos von Anfang bis Ende in cis-Moll.

Anton Bruckner lebte mit siebzehn Jahren als kleiner Schulmeister im österreichischen Dörfchen Windhaag, wo er neben dem Unterrichten auch noch das Schulhaus sauberhalten, die Straße fegen und Mist karren mußte. Nachts saß er über seinen Büchern und studierte Harmonie und Kontrapunkt; am Sonntag spielte er die Orgel in der Kirche. Nach sieben Jahren derartig harter Arbeit glaubte er genug zu wissen, um sich einer kaiserlichen Prüfungskommission zu stellen, der die höchsten Autoritäten auf musikalischem Gebiet im damaligen Österreich angehörten: Sechter, Koryphäe für Kontrapunkt, Dessoff, berühmter Dirigent, Hellmesberger, Direktor des Konservatoriums, und Herbeck, Chorleiter der Gesellschaft der Musikfreunde.
Diese gestrengen Herren vergewisserten sich zunächst über Bruckners musiktheoretische Kenntnisse, und nachdem sie darin zufriedengestellt waren, begab man sich mit dem Kandidaten zu der altehrwürdigen Piaristenkirche. Dort schrieb Sechter zunächst ein Thema von

vier Takten auf Notenpapier, Herbeck ergänzte es auf acht Takte, Dessoff veränderte es ein wenig, und nachdem Hellmesberger dem Ganzen schließlich die endgültige Form gegeben hatte, wurde es Bruckner überreicht mit der Aufforderung, sich auf die Empore zu begeben und Improvisationen darüber zu spielen. Bruckner starrte auf das Notenblatt, stumm und ohne sich zu rühren. Irritiert wiederholte Hellmesberger seine Worte, und zögernd schritt Bruckner die Treppe empor.
Er setzte sich an die Orgel und begann zu spielen. Langsam entstand unter seinen Händen ein gewaltiges Notengebäude. Ein herrlicher Melodienstrom floß dahin, endlos, um mit klaren und kraftvollen, rauschenden Akkorden zu enden. Gebannt lauschend saßen die vier Prüfungsherren noch, bis die letzten Klänge im Kirchenraum verhallten. Dann sagte Herbeck mit einem Blick zur Orgel hinauf: »Er hätte uns prüfen sollen, liebe Freunde!«
Viele Jahre später wurde Bruckners lebenslangem Bemühen die stolze Krönung zuteil: die Wiener Universität ernannte ihn zum Ehrendoktor der Philosophie. Adolf Exner, der große Physiker und damalige Rektor der Universität, gefolgt vom gesamten Professorenkollegium in ihren traditionellen Roben, begrüßte den kleinen alten Herrn an der Tür der Aula. Aus Hunderten von Stimmen ertönte ihm das Gaudeamus igitur. Und Exner endete seine feierliche Ansprache mit tiefer Verneigung und sagte: »Wenn die Wissenschaft ins Stocken gerät, weil unüberwindliche Hindernisse ihrem Höhenflug entgegenstehen, so beginnt dort das Königreich der Kunst. Daher neige ich, der Rector Magnificus dieser Universität, mich vor Ihnen, dem ehemaligen Schulmei-

ster aus Windhaag, um Ihnen die höchste Auszeichnung zu verleihen, die dieses ehrwürdige Institut zu vergeben hat . . .«

Und hier noch das seltsame Wunder, das *Johann Sebastian Bach* erlebte, da er, ein fünfzehnjähriger Bursche, von Hamburg heim nach Lüneburg marschierte. Es war für ihn hin und zurück jeweils ein Weg von vierzig Kilometern, den er indes auf sich genommen hatte, nur um den berühmten achtzigjährigen Reinken an der Orgel zu hören. Jetzt hatte er sich, erschöpft, übermüdet, hungrig und ohne einen Pfennig in der Tasche, am Rande eines Straßengrabens vor einem Wirtshaus niedergelassen. Auf einmal roch es aufreizend gut nach gebratenem Fisch. Er stand auf, wanderte um das Haus herum, und da geschah das Wunder.

Ein Fenster ging auf, und eine unsichtbare Hand warf zwei Fischköpfe hinaus. Gierig stürzte sich der junge Bach auf die Köstlichkeit und hatte eben hineingebissen, als er etwas Metallisches zwischen seinen Zähnen fühlte. Ein Golddukaten hatte in dem Fischkopf gesteckt. Er untersuchte den anderen Kopf, und auch daraus glänzte ihm ein Golddukaten entgegen. Zunächst begriff er das Ausmaß seines Glückes gar nicht, doch dann brach er in einen Jubelschrei aus, drehte um und marschierte munter und frischgestärkt zurück nach Hamburg, um noch einmal den großen Reinken an der Orgel zu hören!

Die ihr die Macht der Liebe kennt

Man erzählt sich eine Geschichte über den großen *Fjodor Schaljapin*, der wie ein Besessener durch die nächtlichen Straßen von Paris irrte, um seine Rolle in Mussorgskys *Boris Godunow* durchzuarbeiten. Er sprach mit sich selber, blieb plötzlich stehen und probierte eine Geste, eine Haltung, intensiv bemüht um seine grandiose Gestaltung des irrsinnigen Zaren.

Eines Nachts wurde er in einem abgelegenen Gäßchen am Montparnasse von einem Straßenmädchen angesprochen: »Bist du einsam, chéri?«

»Nein, Mademoiselle, das bin ich nicht«, erwiderte der Sänger.

»Aber du wünschst dir eine nette Freundin, chéri?«

»Nein, danke – keine Freundin.«

»Keine Freundin?« verwunderte sich das beharrliche Mädchen. »Ja, was machst du denn dann hier mitten in der Nacht?«

»Ich muß arbeiten, chéri – deswegen laufe ich so durch die Straßen; das gehört zu meinem Beruf!«

»O la la!« lächelte die Kleine. »Das wußte ich doch nicht. Na dann gute Nacht und viel Glück, Kamerad!«

Drei Komponisten erlebten in der Liebe die Tragik ihres Lebens: Beethoven als der ewig Suchende, Berlioz, der Träumer, und Brahms, der vor der Liebe floh.

Sein Leben lang hatte *Beethoven* irgendwelche Liebesgeschichten; immer brauchte er Frauen, hatte zahllose Verhältnisse, lächelte jedes hübsche Mädchen an, dem er in Wien auf der Straße begegnete. Und so manche war fasziniert von dem pockennarbigen Gesicht mit den buschigen Brauen unter der mächtigen angegrauten Mähne. Stolze Aristokratinnen, kleine Kokotten, die Frau eines Freundes, die Tochter seiner Wirtsleute, eine junge Schülerin, eine nicht mehr junge Baronesse: der untersetzte kleine Mann verliebte sich in alle.

Der Reigen begann mit der zwölfjährigen Eleonore von Breuning, die dem vierzehnjährigen Jungen Gedichte vorlas; es folgte Magdalena Willmann, die Primadonna; Giulietta Guicciardi, möglicherweise die »Unsterbliche Geliebte«, der Beethoven überdies seine Mondschein-Sonate gewidmet hat; Baronesse Ertmann, charmante kunstbegeisterte Gattin eines feschen Majors; Madame Bigot, pikant und gescheit, an deren Mann er schrieb: »Küssen Sie Ihre Frau viele Male – ich würde es Ihnen nicht verübeln!«; die Gräfin Keglevics, der er seine *Verliebte Sonate* widmete; Fanni del Rio, die sich noch fünfzig Jahre nach Beethovens Tod seiner liebend erinnerte; Nanette Streicher, die ihn bemutterte und sich um seine heillos verworrenen Finanzen kümmerte; Theresa von Brunswick, schön und intelligent, die »ferne Geliebte«; deren Schwester Josephine, die ihn den »Göttlichen« nannte; Barbara Koch, hübsche Tochter einer verwitweten Caféhausbesitzerin; Theresa Malfatti, vierzehn Jahre alt, als der sechsunddreißigjährige Beethoven sie liebte; Amelia Seebald, die leidenschaftliche Sängerin mit dem dunklen Haar, die bis zum Ende ihrer Tage eine Locke aufbewahrte, welche er ihr in der

Abschiedsstunde geschenkt hatte; Gräfin Erdödy, in deren Haus er eine Zeitlang wohnte; Jeanette d'Honrath, blond und kokett; Christina Gerardi, die ihm selbstverfaßte Gedichte sandte, Verse voll wilder Sinnlichkeit; die ungenannte Mätresse eines ausländischen Fürsten: er gabelte sie auf der Kurpromenade in Baden auf und umarmte sie bereits eine Stunde später auf dem Sofa seines Zimmers, wozu Ries, sein damaliger Schüler, die musikalische Untermalung auf dem Klavier im gleichen Raum liefern mußte; die Tochter eines Vorstadtschneiders, unsagbar geschmeichelt, als der berühmte Mann sie durch seine Brillengläser betrachtete – sie alle liebten ihn! Aber es gab noch eine, die seltsamste, verwirrendste und rätselhafteste Liebe seines Lebens: Lisa Flohberger, das Mädchen auf dem Misthaufen. Das war im Sommer 1805, als Beethoven in Döbling wohnte, einem ländlichen Vorort von Wien. Sein Geist war beschäftigt mit dem Violinkonzert, der Vierten Sinfonie und der dritten Leonoren-Ouvertüre. Unweit seiner Wohnung stand das verwahrloste dreckige Häuschen eines berüchtigten Subjekts, eines Säufers und Tagediebs mit Namen Flohberger. Dieser Mann hatte eine Tochter, Lisa, blond und drall, die, ungeachtet ihrer Jugend, sozusagen in den Fußstapfen ihres Erzeugers wandelte: sie war die dörfliche Dirne.

Kaum hatte Beethoven sie zum erstenmal erblickt, war er ihr verfallen. Tag für Tag blieb er vor dem Hoftor stehen und verschlang mit gierigen Blicken die üppigen Formen der schwitzenden, trällernden Schlampe – alles zu einer Zeit, da sein schöpferischer Geist sich mit der edelsten Gestalt der Opernliteratur beschäftigte, der treuen Leonore.

Lisa kannte den Mann natürlich, der da stumm und wie verhext draußen stand – alle kannten den »verrückten Musiker aus Wien« –, aber sie kümmerte sich nicht um ihn und tat beharrlich, als merke sie nichts von seiner Aufmerksamkeit. Wenn er dann lange genug herumgestanden hatte, packte ihn plötzlich der Zorn, und er wandte sich endlich ab, um mit kurzen, wütenden Schritten davonzustürmen. Doch am nächsten Morgen stand er wieder da.

Eines Abends hatte es in Döbling Krach gegeben: der betrunkene Flohberger prügelte einige seiner Zechgesellen zusammen und zerschlug überdies noch Tische und Stühle in der Kneipe. Er wurde festgenommen und ins Gefängnis gebracht. Am nächsten Morgen sah man Beethoven nicht vor der alten Kate stehen, denn er schritt, angetan mit seinem besten Anzug, zum Gemeinderat, um sich für den Lumpen einzusetzen. Seine Bemühungen zeitigten indes keinerlei große Erfolge. Beethoven brachte den ehrenwerten Rat zur Wut und wurde dringend zum Verlassen des Amtsraums aufgefordert. Schäumend vor Empörung stürzte er davon und sah das Mädchen Lisa Flohberger niemals wieder.

Hector Berlioz war in späten Jahren zu der Überzeugung gekommen, daß von allen Frauen, denen er im Leben begegnet, die einzige, die er wirklich geliebt, Estelle Duboeuf gewesen sei. Er war zwölf und das Mädchen achtzehn gewesen, als er von der »passion cruelle«, wie er es nannte, ergriffen wurde. Er verliebte sich in ihre anmutige Haltung, ihren berückenden Charme ... und dann kamen sie auseinander. Ein halbes Jahrhundert

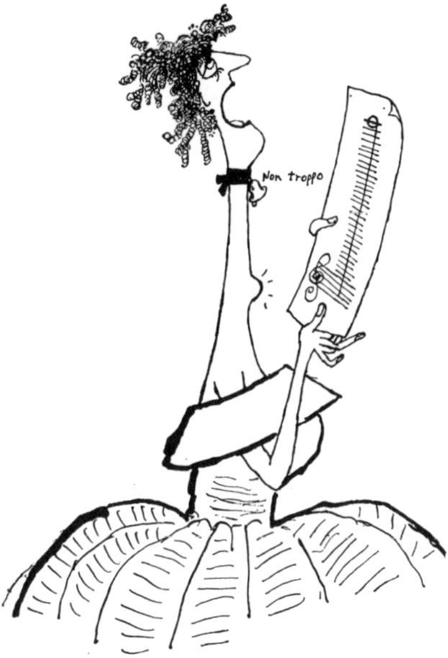

Coloratura

Basso

lang träumte er von ihrem weichen Haar, dem Zauber ihrer Augen und den eigenartigen rosa Schuhen an ihren hübschen kleinen Füßen. Er sehnte sich nach Estelle, er träumte von ihr, und der Wunsch, sie wiederzusehen und ihr das Geheimnis seiner Liebe anzuvertrauen, wurde schließlich zwingend.

Nachdem er unter unendlichen Mühen ihre Adresse ausgekundschaftet hatte, machte er sich eines Tages auf den Weg zu ihr nach Lyon. Und eine weißhaarige Dame von nahezu siebzig Jahren vernahm mit Entsetzen und Bestürzung das Geständnis des Komponisten.

Als er geendet hatte, teilte sie ihm mit, daß sie all die Jahre über in einer vollendet glücklichen Ehe gelebt, ihrem Manne vier Söhne geboren habe, nunmehr Urgroßmutter sei – und nie in ihrem Leben so etwas wie rosa Schuhe besessen habe.

Berlioz war tief erschüttert von dem Gehörten. Er dankte ihr, daß sie ihn gütigst empfangen habe, küßte ihre Hand und verließ das Haus. Kaum auf der Straße, brach er in Tränen aus. Später schrieb er ihr dann noch und erhielt höfliche Antworten, wenn auch von einer ob des Ganzen offensichtlich leicht verwirrten Dame. Die Pilgerfahrt nach Lyon hatte seinen Traum beendet.

Das komplizierte und unentwirrbare Liebesleben von *Johannes Brahms* begann mit den Prostituierten von Hamburg und endete mit den Straßenmädchen von Wien, doch in seinem Mittelpunkt stand die stolze, erschütternde Gestalt der Clara Schumann.

Mit vierzehn Jahren mußte sich Brahms sein Brot als Klavierspieler in den Freudenhäusern von St. Pauli verdienen. Er freundete sich mit den Mädchen an, die ihm ihre Gunst schenkten, und die schauderhaften Erinnerungen an diese Jugenderfahrungen verfolgten ihn sein Leben lang.

Als zwanzigjähriger Jüngling betrat er das Heim von Robert Schumann. Er wurde freundlich empfangen, und Schumann forderte ihn auf, etwas von seinen Sachen zu spielen. Kaum hatte er seine f-Moll-Sonate begonnen, da unterbrach ihn Schumann: »Das muß Clara hören!«

Frau Schumann trat ein, und Robert sagte: »Du wirst jetzt Musik zu hören bekommen, Clara, wie du sie noch nie gehört hast!« Brahms sah die schöne Frau vor sich, die als Pianistin in ganz Europa berühmt war, und begann erneut zu spielen.

Er eroberte die Schumanns, sie baten ihn, zu bleiben, als ihr Gast und Freund, ihr Haus als das seine zu betrachten. Und so durfte Brahms zum erstenmal in seinem Leben die Wärme und Güte eines wirklichen Zuhause spüren: er wurde ein Mitglied der Schumannfamilie.

Ein halbes Jahr darauf, als Clara im fünften Monat schwanger war, mußte Schumann in die Irrenanstalt von Endenich eingeliefert werden. In dieser tragischen Zeit ging Brahms nicht von Claras Seite, er half ihr und machte ihr Mut und brachte sie mit seiner knabenhaften Anbetung über die schwierigen Monate hinweg. Clara war vierzehn Jahre älter als Brahms und hatte bis dahin mehr eine Art Sohn in ihm gesehen, hatte ihn mit mütterlicher Liebe umgeben und nachsichtig über seine scheue Zärtlichkeit gelächelt. Nun aber spürte sie zu ihrem eigenen Schrecken, daß ihre Gefühle sich gewandelt hatten; Schumann war unheilbar krank, sie selbst indes noch eine junge, blühende Frau und neben ihr dieser leidenschaftliche, kraftvolle Jüngling, der sie begehrte.

Im Januar 1855 ging Clara auf eine Tournee nach Holland; Brahms folgte ihr, und in Rotterdam, fern aller Konvention und allem Klatsch von Düsseldorf, fanden sich die Liebenden.

Niemals in all den Jahren ihrer stürmischen leidenschaftlichen Liebe, ja nicht einmal nach Schumanns Tode, wurde das Wort Heirat auch nur erwähnt. Clara wußte, daß Brahms, um schaffen zu können, frei von allem Zwang und aller Bindung sein mußte, und Johannes achtete ihre Rücksicht auf den Namen Schumann.

Einen Tag vor seiner Abreise nach Wien nahm Brahms von ihr Abschied. »Unsere Wege müssen sich trennen. Der meine führt mich fort von hier, hinauf, in einsame Höhen! Lebe wohl, Clara!« Und Clara verstand ihn so gut wie keiner auf der Welt. Vierzig Jahre lang blieben sie die innigsten Freunde. Tausende von Briefen wurden gewechselt, und niemals vernahm man, daß Brahms sich je wieder ernsthaft in eine andere Frau verliebt hätte.

Wurde er in späteren Jahren gefragt, ob er verheiratet sei, so antwortete er gern: »Leider bin ich ledig – Gott sei Dank!« Und als Hanslick ihn bedrängte, doch eine Oper zu schreiben, meinte er: »Für mich wäre es ebenso schwierig, eine Oper zu schreiben wie zu heiraten; vielleicht aber würde ich dabei nach einem ersten Versuch gern den zweiten folgen lassen.«

Zuweilen jedoch sahen Vorübergehende in einem engen Seitengäßchen von Wien die kleine Gestalt eines ältlichen bärtigen Mannes, der mit einem Straßenmädchen sprach oder mit ihr um die nächste Ecke verschwand.

Von den verheirateten Musikern war *Elgar* sicherlich einer der glücklichsten. Seine Frau übte einen heilsamen künstlerischen Einfluß auf ihn aus und war seine verläßlichste Kritikerin. Tagtäglich spielte er ihr vor, was ihm Neues einfiel, beobachtete ihre Reaktionen, diskutierte mit ihr über ihre liebevoll vorgebrachten, vorsichtigen Einwände. Einmal – so berichtet ein Freund – hatte er ihr einen Absatz aus einem neuen Werk vorgespielt und sah sie fragend an. Sie nickte leicht, aber er spürte, daß irgend etwas nicht ganz stimmte.
In dieser Nacht konnte er nicht schlafen, warf sich herum auf seinem Lager und stand endlich auf, um hinunter an seinen Schreibtisch zu gehen und seine Arbeit nochmals durchzusehen. Er fand einen kleinen Zettel an seinem Manuskript. Darauf stand: »Alles ist schön und genau richtig, bis auf den Schluß. Meinst Du nicht, lieber Edward, daß dieser Schluß ein kleines bißchen ...«
Elgar lächelte, änderte den Schluß, und keiner von beiden verlor jemals ein Wort über diesen Zwischenfall.

Was Musikerehen anbetrifft, so hält zweifellos und für alle Zeiten *Richard Strauss* den Rekord. Mit seiner Frau Pauline lebte er in seliger heiterer Zweisamkeit mehr als fünfundzwanzig Jahre, betete sie an als seine Muse, seine gestrenge Herrin, Gouvernante, Finanzministerin, Sekretärin – und Gegenstand seiner unwandelbaren Zuneigung. Was machte es schon, daß sie verlangte, er müsse sich die Schuhe abstreichen, wann immer er seine Villa in den bayerischen Alpen betrat, oder daß sie ihn zur Arbeit rief (»Komm rein, Richardl, geh und schreib ein bisserl Musik!«), wenn sie meinte, er habe sich lange genug draußen im Garten herumgetrieben? Strauss be-

tete sie an und machte sie unsterblich im *Heldenleben,* in der *Sinfonia domestica* und im *Intermezzo.*
Natürlich lachten die Leute über den Titanen, der daheim ein Pantoffelheld war, wie ein Bürger ausschaute und kleinstädtische, spießbürgerliche Gewohnheiten hatte, aber die gute Pauline sagte: »Ja, das alles stimmt schon; mein Richardl schaut aus wie ein Philister und lebt auch so, aber auf dem Notenpapier, wissen S', da tobt er sich aus!«

Nicht alle Komponisten hatten soviel Glück mit ihren Frauen, und hier folgt nun, mit allem Vorbehalt, die Geschichte des unglücklichsten von allen:
In einer Novembernacht 1695 kehrte *Henry Purcell* aus fröhlicher Freundesrunde heim in sein Haus neben der Westminsterabtei. Er pochte ans Tor, wurde jedoch nicht eingelassen, denn seine Frau hatte den Dienstboten befohlen, die Tür zu verschließen, wenn er bis Mitternacht nicht zurück sein würde.
Ein eisiger Wind fegte durch London, und es goß in Strömen. Purcell lief frierend auf und ab vor dem Tor, das ihm verschlossen blieb, und holte sich eine schwere Erkältung, an deren Folgen er wenige Tage drauf gestorben ist, nur sechsunddreißig Jahre alt.
Er wurde in der Westminsterabtei unter seiner eigenen Orgel begraben. Eine Marmortafel kündet, daß dies die letzte Ruhestätte des Komponisten Henry Purcell sei, der dahingegangen »zu jenem geheiligten Ort, wo einzig seine Harmonien noch übertroffen werden können.«

Merkwürdig, wie wenig wir eigentlich über das Liebesleben des berühmten Junggesellen *Georg Friedrich Händel* wissen. Mit achtzehn Jahren wanderten er und sein Freund Mattheson nach Lübeck, um sich um den Organistenposten an der Marienkirche zu bewerben, als Nachfolger des großen Dietrich Buxtehude. Als die beiden jedoch herausfanden, daß die Anstellung mit der Bedingung verknüpft war, die ältliche Tochter Buxtehudes, Anna Margarete, zu heiraten, zogen sie schleunigst davon. Zwei Jahre später ließ sich ein anderer junger Musiker, Herr Johann Sebastian Bach, aus dem gleichen Grunde entschuldigen.
Dekan Swift sagte von Händel: »Ich bewundere ihn vor allem, weil er seine Unterrocksgeschichten so vollendet zu verbergen weiß!«

Ravel und *Gershwin* hatten beide die größte Freude am Zusammensein mit intelligenten und reizvollen Frauen, aber geheiratet haben sie nie. »Ma seule maîtresse«, sagte Ravel, »c'est la musique!«
Gershwin erzählte, halb scherzhaft und halb im Ernst, die Geschichte von einer jungen Kubanerin, die ihn am tiefsten in seinem ganzen Leben beleidigt habe. Er hatte sie in Havanna am Hotelstrand kennengelernt, sie verabredeten sich abends zum Dinner, aber die junge Schöne erschien nicht.
»Sie sind mir ja eine Person«, erklärte Gershwin, als er sie am nächsten Morgen wieder am Strand traf. »Lassen mich ganz einfach sitzen!«
»Es tut mir schrecklich leid«, erwiderte die junge Dame, »und ich hoffe, Sie können mir vergeben. Ich wollte

Sie ja anrufen, um mich zu entschuldigen, aber wie finden Sie das: mir ist einfach Ihr Name nicht eingefallen!«
Das hat ihr Gershwin nie verziehen.

Und auch *Bruckner* hat nie geheiratet. Seine Einstellung zu Frauen war genau die gleiche wie zu Geld, Essen, der Welt im allgemeinen, kurzum, zu allem außerhalb der Musik: unkompliziert, primitiv, bäurisch. Wann immer er eine Frau traf, auf die er Eindruck machen wollte, bot er ihr als erstes eine Prise aus seiner Schnupftabakdose an und war dann äußerst erstaunt, wenn dieses gutgemeinte Angebot zurückgewiesen wurde.
Einmal, in Linz, hatte er sich in eine nicht mehr ganz junge, aber lebhafte und muntere Frau verliebt. Tagelang bereitete er sie darauf vor, daß er ihr am Wochenende ein fürstliches Geschenk machen würde. Was immer die Dame auch erwartete, so muß sie doch erheblich enttäuscht gewesen sein, als der Samstagabend kam und Bruckner erschien, um ihr strahlend – ein Gebetbuch zu überreichen. In begreiflicher Wut packte sie das Geschenk, warf es die Treppe hinunter und den naiven Anbeter sozusagen hinterher.
In Berlin mußte Siegfried Ochs, der Dirigent, ihn einmal aus einer verzwickten Situation befreien. Ochs sollte Bruckners große Messe in d-Moll dirigieren, und zu Ehren des Komponisten war danach ein großes Festbankett geplant. Eben wollte Ochs seine Wohnung verlassen, als das Telefon klingelte. Es war Bruckner. Und er sagte, es täte ihm sehr leid, seinem Freund mitteilen zu müssen, daß er der festlichen Stunde heute abend nur

beiwohnen könne, wenn auch seine Braut eingeladen würde.

»Braut?« wiederholte Ochs wie vor den Kopf geschlagen. Bruckner war annähernd siebzig, und nie zuvor war von einer Braut die Rede gewesen. Ochs witterte eine nahende Katastrophe, warf sich rasch in einen Wagen und fuhr zu Bruckners Hotel.

Er fand den alten Herrn, völlig verstört, in Gesellschaft einer der weniger reizvollen Zimmermädchen, offensichtlich nicht gerade tugendreich, doch mit wachem Geschäftsgeist begabt.

Es stellte sich heraus, daß Bruckner beim späten Heimkehren tags zuvor dem Mädchen auf der Treppe begegnet war und sie aufgefordert hatte, mit auf sein Zimmer zu kommen. Nun behauptete sie, daß er sie nicht nur ihrer Jungfräulichkeit beraubt, sondern schließlich, auf ihre drängenden Vorstellungen hin, ihr auch die Ehe versprochen habe. Anton Bruckner, Doktor der Philosophie, Komtur des Franz-Joseph-Ordens, Komponist von neun Sinfonien und zahllosen anderen großen musikalischen Werken, saß währenddessen, wie ein Mäuschen so klein, zusammengedrückt in einer Ecke.

Siegfried Ochs überblickte die Situation im Handumdrehen, zumal keine Zeit zu verlieren war. »Wieviel?« fragte er das Mädchen.

»Was soll das heißen: wieviel?« war die empörte Gegenfrage.

»Wieviel wollen Sie haben?«

»Meine Liebe ist nicht käuflich, mein Herr, und überdies –«

»Hören Sie zu, Kind«, sagte Ochs, »hier ist ein Hundertmarkschein: entweder – oder!«

Natürlich griff das geschäftstüchtige Zimmermädchen zu und entsagte allen Rechten auf den Komponisten. Bruckner atmete auf, riskierte einen treuherzig-einfältigen Blick auf seinen Retter und ergriff in einem Anfall überströmender Dankbarkeit dessen Hand, um sie zu küssen.

Wagners Liebesleben war reichlich wirr; es verwickelte ihn stets in unmögliche Situationen, deren heikelste er wohl an jenem Nachmittag in Zürich durchlebte, als er einem Freundeskreis das eben vollendete Textbuch zu *Tristan und Isolde* vorlas. In dem kleinen Zimmer saßen Wagner fünf Menschen gegenüber, alle auf seltsame Weise mit dem Werk und dem Autor verbunden, dessen grandioser Dichtung sie lauschten. Wagners Frau Minna, einst Primadonna am kleinen Operntheater von Magdeburg, wo sie sich in den jungen Kapellmeister verliebte, hatte ihn behütet, seine Karriere gefördert und ihm die Wege geebnet. Am Abend der *Rienzi*-Premiere, seines ersten großen Erfolgs, hatte sie, während er ausgegangen war, um mit seinen Freunden zu feiern, daheim aus Lorbeerblättern einen kleinen Kranz gewunden und ihm auf sein Kissen gelegt ... Nun hatte er sie abgeschoben.

Wagners Geliebte, Mathilde Wesendonck, die ihn zur Isolde inspiriert hatte, saß neben Minna. Schön, in ihrer überlegenen Art, fühlte sie sich auf dem Gipfel ihres Lebens, Wagner schöpferische Kräfte ihr Eigentum.

Und Otto Wesendonck saß da. Mit angehaltenem Atem lauschte er Wagners Vortrag und wußte möglicherwei-

se genau, was zwischen seiner Frau und seinem Freunde vorging.
Hans von Bülow, Wagners glühendster Bewunderer und Apostel, vernahm Tristans Worte, Hand in Hand mit seiner jungen Frau Cosima ...
Wenige Jahre später platzte diese seltsam zusammengesetzte Schar auseinander mit einem Knall, der in der ganzen Welt sein Echo fand. Minna war – verstoßen und vergessen – gestorben; Mathilde hatte zurückgefunden zu ihrem Gatten, Wagner hatte Cosima geheiratet, nachdem er bereits Vater ihrer drei Kinder geworden (ihren unsinnigen Namen hatte sie von ihrem Vater Liszt, weil sie am Comer See geboren worden war). Und Bülow ...
Nun, *Bülow* hatte sich erstaunlicherweise bald getröstet – oder nicht?
Er begann eine leidenschaftliche Liebesaffäre mit einer Tänzerin in Florenz. »Sie ist ein Gedicht in Musik«, schrieb er einem Freund, »und ich bin wahnsinnig in sie verliebt.«
Einige Monate später wurde ihm eine Stellung in Deutschland angeboten; doch erklärte er, diese nur annehmen zu können, wenn der »siebzehnjährige Stern seines Lebens« einwilligen würde, seine Frau zu werden. Bülows Überredungskünste scheinen indes nicht stark genug gewesen zu sein, um die junge Dame dahin zu bringen. So fand das Verhältnis ein jähes Ende, und Bülow ging nach Amerika.
Eines Abends wagte in New York sein Freund William Mason, der Pianist, ihn nach Cosima zu fragen. Sein Geständnis läßt deutlich genug erkennen, daß ihm – keineswegs getröstet – Cosima noch immer mehr bedeutete

als jede andere Frau der Welt. »Ich war zu gering für sie«, gestand Bülow. »Sie brauchte einen Giganten, ein Genie, nun eben – Wagner. Er seinerseits hatte ihren Intellekt nötig, ihr künstlerisches Urteilsvermögen. Was geschehen ist, war die natürlichste Sache der Welt. Es war einfach unvermeidlich!«
Die beiden, Cosima und Bülow, sind einander noch einmal begegnet: ihre Tochter Daniela hatte das Zusammentreffen zustande gebracht, da es um ihre Zukunft ging. Wagner hatte sich anfangs gegen das Wiedersehen gewehrt, doch später nachgegeben, so daß sie einander nach elf Jahren Trennung in einem Nürnberger Hotelzimmer gegenüberstanden. Die Besprechung dauerte zweieinhalb Stunden; den Abend verbrachten sie mit Daniela, und am nächsten Nachmittag reiste Cosima nach Bayreuth zurück.
Kurz darauf heiratete Bülow eine deutsche Schauspielerin, Marie Schanzer. Ein Freund hatte ihm von ihrer erstaunlichen Ähnlichkeit mit Cosima berichtet, und Bülow besuchte daraufhin das kleine Theater in Baden-Baden. Zutiefst bewegt sah er sich die Aufführung an und machte ihr wenige Tage später bereits einen Heiratsantrag.

»Ich war noch sehr jung«, erzählte einmal *Toscanini*, »als ich am gleichen Tage zum erstenmal eine Frau küßte und meine erste Zigarette rauchte, und ihr könnt mir glauben, daß ich danach nie wieder irgendwelche Zeit an den Tabak verschwendet habe!«

Und nun einige delikate Histörchen von heimlichen Seitensprüngen verheirateter Komponisten.

Als *Haydn* im Jahre 1790 in London weilte, beauftragte der damalige Prince of Wales den berühmten John Hoppner damit, den großen Mann zu porträtieren. Haydn kam denn auch in sein Atelier, und die beiden machten eine Weile höflich Konversation. Danach griff der Maler zu seinem Stift, um zunächst einige erste Skizzen anzufertigen. Im selben Augenblick jedoch veränderte sich Haydns Gesichtsausdruck vollständig, seine freundlichen, gutmütigen Züge erschienen mißmutig, unnatürlich und verzerrt.

Doch Hoppner war kein schlechter Menschenkenner – er wußte, daß der alte Herr für nette junge Damen etwas übrig hatte, insbesondere, wenn er sich mit ihnen in seiner Heimatsprache unterhalten konnte. Mit Hilfe des Prinzen wurde ein deutsches Zimmermädelchen aufgetrieben, hübsch angezogen und sorglich vorher instruiert.

Als Haydn wiederum das Maleratelier zur nächsten Sitzung betrat, war er entzückt, einer so reizenden Landsmännin zu begegnen, die überdies eine ausgezeichnete Kennerin seines Werks zu sein schien. Es entspann sich alsbald eine äußerst anregende Unterhaltung, die dann auch in Kürze Haydns ganzen Charme wieder in seinem Gesicht zum Vorschein brachte. Im weiteren Verlaufe führte dies zu Hoppners meisterhaftem Porträt des Komponisten, zu einem reizenden Abenteuer für Haydn selbst und – so steht zu hoffen – zu einer angenehmen Erinnerung für die junge Dame.

Rossinis Oper *Ciro in Babilonia* enthält eine musikalische Rarität: eine vollständige, ausgewachsene Arie, die nur eine einzige Note enthält.
Bei den Proben dieser Oper in Ferrara wurde dem Komponisten vorgetragen, daß die *seconda donna*, eine junge Dame voller Charme mit leider nur geringen gesanglichen Qualitäten, darauf bestehe, eine eigene Arie zu bekommen, und der sehr für sie eingenommene Direktor unterstütze diesen Anspruch in jeder Weise. Rossini prüfte die junge Sängerin eingehend und fand, daß sie außer einem erträglichen mittleren b nicht einen einzigen vernünftigen Ton in ihrer Kehle hatte. Andererseits stellte er fest, daß sie eine berückende kleine Person war und mit ihren Reizen durchaus nicht geizte. Selbstverständlich mußte einem solchen Talent geholfen werden auf dem Lebensweg, auch wenn die Natur sie nicht mit einer sonderlich weiten *tessitura* begabt hatte.
Und so schrieb denn der stets hilfsbereite Rossini eine Arie, in der die Solistin nichts anderes als eine einzige Note zu singen hatte – eben jenes b –, während das Orchester, mit den erstaunlichsten Variationen begleitend, daraus ein entzückendes Kabinettstück machte. Der Beifallssturm, der bei der Premiere diese originelle Arie begrüßte, war Beweis genug, daß Rossinis Einfall glänzend gelungen und das ehrliche Bemühen der charmanten Signorina nicht umsonst gewesen war.

Weder *Gounods* religiöser Mystizismus noch sein mächtiger grauer Bart, der einem biblischen Patriarchen wohl angestanden hätte, bewahrten ihn vor gelegentlichen Seitensprüngen mit irgendeiner Midinette, einer Balletteuse oder einem Mädel vom Chor. Einmal allerdings sah die Sache ernster als gewöhnlich aus. Ohne ein Wort zu sagen, hatte er Heim und Familie verlassen, um einer berückenden kleinen Sängerin nach London zu folgen. Alle Versuche seiner Frau, ihn aufzuspüren, blieben erfolglos, bis sie zu einer neuartigen und psychologisch interessanten Kriegslist griff.

Zu jener Zeit beherrschte Gounods *Faust* den Opernspielplan in Paris. Madame Gounod bat den Theaterdirektor um eine kurze diskrete Unterredung. Dieser Herr hatte vollauf Verständnis für die delikate Situation und versprach zu helfen. Urplötzlich verschwand *Faust* vom Spielplan.

Eine Woche darauf, als die gesamte Familie Gounod eben beim Frühstück saß, wurde vorsichtig die Tür geöffnet, und der Maestro zirpte zärtlich: »Cou-cou! Voila, chérie! C'est moi!«

Keiner der Anwesenden zeigte sich auch nur im geringsten erstaunt über sein Kommen, Gounod bekam seinen gewohnten Café au lait vorgesetzt, und – *Faust* erschien wiederum triumphal auf der Opernbühne.

»Ich bin ein leidenschaftlicher Jäger«, sagte *Giacomo Puccini* einmal, »ein Jäger auf Wasserhühner, auf erstklassige Opernlibretti – und auf Frauen!«

Und die Frauen wußten das; sie spürten, daß derjenige, der Manon, Mimi, Tosca und Cho-cho-San geschaffen hatte, ein bezaubernder, liebenswerter Mensch, ein Musiker mit unsterblichem Ruhm, doch auch ein zärtlicher und hingebungsvoller Liebhaber sein müsse.

In Rom und Paris, in New York und London belager-

ten sie ihn; doch in Wien kamen sie einfach und eroberten ihn. Süße junge Komtessen, möglicherweise die Urenkelinnen von Beethovens ehemaligen Geliebten, und hübsche kleine Vorstadtmädel erschienen scharenweise im Bristolhotel, dem Hauptquartier des Maestro.
Eines Morgens hatte Puccini gerade eben gefrühstückt, als das Telefon klingelte. Der Portier meldete: »Eine junge Dame ist hier, die Sie aufsuchen möchte, Maestro.«
»Ihr Name?«
»Sie hat keinen Namen genannt.«
»Ist sie hübsch, Amico?«
»Also heraufsenden.«
Eine Minute später öffnete sich die Tür zu Puccinis Appartement, und ein etwa siebzehnjähriges Mädchen trat ein. Sie hatte wunderbar glänzendes lichtbraunes Haar, ihr schönes junges Gesicht strahlte in Anbetung, und ihre himmelblauen Augen schienen zu sagen: »Hier bin ich: nimm mich hin!«
Sie sprach kein einziges Wort. Sie sah ihn nur an. Puccini hüstelte leicht, wie immer, wenn er verlegen war. Dann fiel ihm plötzlich ein, daß er im Pyjama war und noch nicht einmal einen Morgenrock übergezogen hatte. Hastig entschuldigte er sich, bat die junge Dame, Platz zu nehmen, und entschwand eilig in sein Schlafzimmer.
In höchster Eile warf er sich in seinen dunkelblauen Anzug, wählte sorgfältig einen dunkelroten Schlips zu seinem weißen Seidenhemd, kämmte sich noch rasch das angegraute Haar und tat ein paar Tropfen Eau de Portugal auf seine Hände. Dann öffnete er die Tür zu seinem Salon.
Und Maestro Giacomo Puccini, der berühmte Kompo-

nist und leidenschaftliche Jäger, stand offenen Mundes wie angewurzelt da, seinen Augen nicht trauend: vor sich sah er das junge Mädchen, zärtlich ihm entgegenlächelnd – nackt!
Hatte sie sein plötzliches Verschwinden mißdeutet und für den ersten Schritt zu einem kommenden Tête-a-tête gehalten? Suchte sie sich auch nur von all den anderen zu unterscheiden durch Anwendung einer derartigen Schocktherapie? Puccini hat es nie herausgefunden. Er sah dies liebliche Bild vor sich, erwiderte das Lächeln und hüstelte nur ganz leicht ...

Wenn Meister einander begegnen – und wenn nicht

Wenn Musiker einander begegnen, so benehmen sie sich nicht anders als andere Menschen auch – sie reden von ihrem Beruf, sie klatschen, machen andere herunter oder schmeicheln einander, und dennoch: es scheint bei ihnen alles auf einer seltsam unwirklichen Ebene stattzufinden, als agierten sie vor einer Kamera, einem Mikrophon oder dem Forum der Geschichte.

Als im Jahre 1822 *Rossini,* ein eleganter, geistvoller Mensch von dreißig Jahren, erfolggekrönt und von der Gesellschaft verwöhnt, in Wien eintraf, hatte er nur den einen Gedanken: Beethoven sehen und sprechen zu können. Der Abbé Carpani, Dichter und Freund *Beethovens,* brachte diese Begegnung zustande. Zusammen mit Rossini kletterte er die knarrenden Stufen zu Beethovens Wohnung hinauf. Man klopfte und betrat den unordentlichen, ungelüfteten Raum. Essenreste waren auf dem Boden; Stühle mit abgebrochenen Lehnen standen vor durchlöcherten Wänden, Manuskripte lagen auf einem wackeligen Klavier – und mitten in all dem Chaos saß ein vierschrötiger untersetzter Fünfziger mit durchdringendem Blick im vorzeitig gealterten, rotgedunsenen Gesicht und vollständig taub: Beethoven.

Er hatte von seiner Arbeit aufgeblickt und sagte mit einer sanften melodischen Stimme in sorgsam gewähltem Italienisch: »Sie also sind Gioacchino Rossini, der

Komponist des *Barbiere di Siviglia*? Ich beglückwünsche Sie, signor. Welch eine großartige *opera buffa* ist das doch! Ich habe sie mit Entzücken und Befriedigung studiert. Glauben Sie mir, Rossini, Ihren *Barbiere* wird man spielen, solange es italienische Opern gibt!«
Die Unterhaltung – bei der Carpani alles, was Rossini sagte, in Beethovens Konversationshefte niederschrieb – bewegte sich von der *opera buffa* zur *opera seria*, von Cimarosa zu Pergolesi, Mozart, dem italienischen Theater und den damals bekannten Sängern. Dann dankte Rossini Beethoven für die Unterredung: »Meine Bewunderung für Sie, Maestro, und Ihr Werk ist groß und tiefempfunden. Nie in meinem Leben bin ich so stolz gewesen wie heute, da ich die Ehre hatte, Ludwig van Beethoven zu sprechen.« Beethoven seufzte, und unwillkürlich entschlüpfte ihm der traurige Ausruf: »Ah – *un infelice*!« Doch fügte er rasch in geändertem Ton hinzu: »Ich wünsche Ihnen viel Glück für Ihre Oper *Zelmira. A rivederci* – und vor allem: schenken Sie uns noch viele *Barbieres.*«

»Ja – er war ein Titan und benahm einem den Atem!« sagte *Rossini* vierzig Jahre später, als er diese Geschichte einem interessierten Gast aus Deutschland erzählte, Herrn *Richard Wagner*, der damals gerade in Paris den *Tannhäuser* für den französischen Theatergeschmack umänderte.
Sie fühlten sich nicht so recht behaglich, wie sie so einander gegenübersaßen. Wagner hatte einige Jahre zuvor in einem Aufsatz *Oper und Drama* Rossini »eine abgedankte Maitresse, die sich in Luxus wälzt« genannt, und

Rossini hatte von Wagners Werk gesagt, es enthalte »einige herrliche Augenblicke – aber manche scheußliche Viertelstunden«. Andererseits wußte Rossini, daß Wagner einmal beim Anhören des *Barbier* zu einem Freund bemerkt hatte: »Wie ich diesen Kerl bewundere – aber ich flehe Sie an, verraten Sie das um Himmelswillen den Wagnerianern nicht! Die würden mich steinigen!« Und Wagner wiederum las zu seinem großen Erstaunen eines Morgens folgende Notiz in der Pariser Presse:

»In den Salons und Caféhäusern wird eine Geschichte herumerzählt und sogar in gewissen Blättern gedruckt, wonach ich, Gioacchino Rossini, einen meiner Freunde, der ein Wagneranhänger ist, zum Essen eingeladen und ihm *Turbot à l'allemande* vorzusetzen versprochen haben soll. Als das Essen serviert wurde, habe sich herausgestellt, daß es nichts als Sauce, ohne Fisch, war. Auf die erstaunte Frage meines Gastes soll ich erwidert haben: ›Nun ja, ihm fehlt die Hauptsache – der Fisch, genau wie die Musik Ihres angebeteten Wagner das Wichtigste vermissen läßt – die Melodie.‹
Hierdurch dementiere ich diese Geschichte in aller Öffentlichkeit und erkläre, daß es mir niemals in den Sinn gekommen wäre, einen Musiker zu verletzen oder anzugreifen, der sich ständig bemüht, neue Wege in seiner Kunst zu finden. Gioacchino Rossini.«

Noch mehr aber überraschte es Wagner, als überdies ein Freund Rossinis, ein gewisser Monsieur Michotte, bei ihm auftauchte und ihm mitteilte, daß der Maestro sich ungemein freuen würde, ihn zu empfangen.

»Monsieur«, begann Rossini die Unterhaltung, »ich weiß sehr wohl, daß ich weder Mozart noch Beethoven bin, doch bilde ich mir wenigstens ein, gute Manieren zu besitzen. Unfreundliche Dinge hinter Ihrem Rücken zu verbreiten, wäre wohl das Letzte, was ich täte. Obgleich ich nicht viel von Ihrer Musik kenne, bin ich mir doch Ihrer ernsthafen Bemühungen durchaus bewußt und kann Ihnen nur Glück dazu wünschen!« Wagner dankte ihm mit einem höflichen Lächeln und erbot sich, ihm seine gedruckten Partituren zu senden. »O nein, mein Freund«, wehrte Rossini ab, »ich bin kein Musikgelehrter. Partiturlesen gibt mir niemals den rechten Eindruck. Um die Wirkung einer Opernmusik richtig beurteilen zu können, muß ich sie im Theater hören.«

Das brachte Wagner auf seine Schwierigkeiten, auf die Intrigen und Erniedrigungen, denen er sich ausgesetzt sah. Rossini tröstete ihn. »Jeder Musiker, der nach Paris kam – angefangen von Gluck und mich nicht ausgenommen –, hat sich gegen Kabalen und Cliquenwirtschaft wehren müssen. Lassen Sie sich davon nicht niederdrücken, mein Lieber, seien Sie erhaben darüber!« Als Wagner dann seine Bewunderung für Rossinis Werk ausdrückte, erwiderte dieser bescheiden: »Nun ja, ich mag einige Fähigkeiten und ein gewisses Gefühl für die Musik besessen haben, und wenn ich in Deutschland studiert hätte, hätte ich wohl etwas Überragendes schaffen können. Ich verehre Ihre Komponisten: Haydn, Mozart sind wahrhaft groß, Beethoven ein Wunder der Menschheit und Bach ein Mirakel Gottes!« Stolz zeigte er Wagner den neuesten Band der Gesamtedition des Bachschen Werkes, der eben herausgekommen und ihm als Subskribenten übersandt worden war.

Dann gerieten sie auf das unvermeidliche Thema, Wagners ›Zukunftsmusik‹.
»Ist es wahr«, fragte Rossini, »daß Sie außer Gluck und Weber keine Oper gelten lassen, nicht einmal Mozart, diesen wahren Engel der Musik?« Wagner verwahrte sich auf das entschiedenste dagegen und nannte Rossinis *Tell* ein Meisterwerk, das überdies bewundernswerte Stellen zum Beweis der Richtigkeit seiner musikdramatischen Theorien enthalte. Rossini lachte. »So – mir scheint also, daß ich vor dreißig Jahren, ohne es zu wissen, bereits selber ›Zukunftsmusik‹ geschrieben habe?« »Jawohl, *signor*«, entgegnete Wagner artig, »Sie haben die allerbeste Musik geschrieben: Musik für alle Zeiten.« Damit stand er auf und verneigte sich tief. Rossini brachte ihn zur Tür, und beide nahmen unter gegenseitiger Versicherung höchster Achtung und Verehrung Abschied voneinander.
Unterwegs auf der Treppe blieb Wagner noch einmal stehen und sagte zu Michotte, dem wir den Bericht von dieser Begegnung verdanken: »Von allen Musikern, die ich in Paris getroffen habe, ist Rossini sicherlich der größte.«
Rossini allerdings schien, ungeachtet aller Höflichkeit, weniger beeindruckt von seinem Besuch. »Ich leugne sein Genie ja gar nicht«, vertraute er am nächsten Tage Michotte an, »aber ich begreife eine Nation nicht, die einen Mozart fast vergessen kann – über Wagner!«

Die Erstaufführung von *Riccardo Zandonais* Oper *Giulietta e Romeo* im Teatro Constanzi am 14. Februar 1922 war die Sensation Roms. Zandonai selbst dirigier-

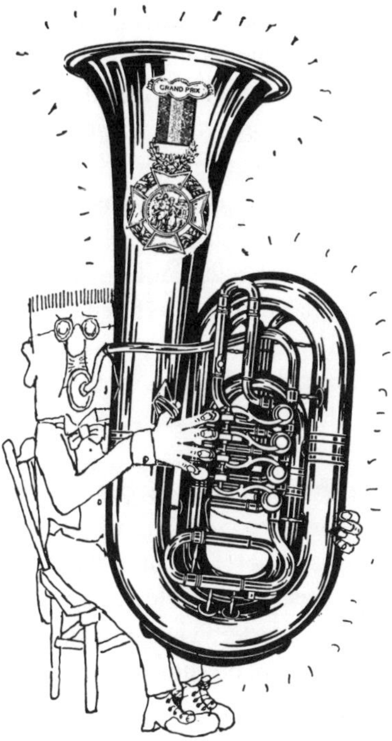

Tuba alla Tedesca

Tuba Anglais
(Leeds)

te, und aus allen Ländern waren die Musikkritiker zusammengeströmt. Das Werk war sehr problematisch, reich an musikalischen Schönheiten, doch im allgemeinen spröde und erschloß sich dem Hörer nicht leicht.
In der Pause drängten sich Musiker und Kritiker im Künstlerzimmer um den Komponisten. Keiner von ihnen wollte sich schon festlegen, und man hütete sich in jeder Weise, etwa eine Meinung zu äußern. Plötzlich gab es eine Bewegung unter den Anwesenden, da Giacomo Puccini den Raum betreten hatte und ihm respektvoll Platz gemacht wurde. Mit ausgestreckten Armen kam er auf seinen alten Freund Zandonai zu und umarmte ihn strahlend.
Alles blickte interessiert zu: was würde der berühmte Maestro zu dem Werk seines Freundes sagen? Würde er sich in ein gelehrtes Gespräch über Text und Musik stürzen? Würde er ihn mit nichtssagenden Höflichkeiten abspeisen? Würde er loben – oder verdammen? Jetzt würde man authentisch erfahren, ob diese Oper gut oder schlecht war. Puccinis Urteil würde morgen in allen Zeitungen stehen, von Los Angeles bis Moskau.
Der Maestro lächelte, drückte seinem Freunde herzlich die Hand und sagte dann: »Ja also, Ricci, mein Lieber, erzähle: wie war denn die Wachteljagd diesen Sommer im Val de Fiemone?«

Eines Morgens, als sich *Meyerbeer* bei der Arbeit vor dem Klavier eben besonders zu konzentrieren suchte, wurde er durch einen Drehorgelspieler gestört, der unaufhörlich vor seinem Hause ein Potpourri aus Rossinis *Barbier* spielte.

»Heda!« rief er endlich hinunter. »Ich gebe Ihnen fünf Franken, wenn Sie sich schleunigst verziehen und eine Stunde lang ein Potpourri aus meinen Opern vor Rossinis Haus orgeln!«
»Tut mir leid, Monsieur«, erwiderte der Straßenmusikant, »aber das kann ich nicht machen. Monsieur Rossini hat mir nämlich eben zehn Franken dafür gegeben, daß ich hier vor Ihrem Fenster spiele!«

Im Jahre 1706 hörte Domenico Scarlatti auf einem Maskenball in Venedig einen Unbekannten mit schwarzer Maske auf dem Spinett spielen. Nie zuvor war ihm solch glänzende Beherrschung des Instruments, so überzeugende Musikalität begegnet. Er lauschte eine ganze Weile versunken und entschied dann: »Das kann nur der Teufel selber sein oder der berühmte Sachse!«
Selbstverständlich war es der berühmte Sachse, *Georg Friedrich Händel.* Und von diesem Tage an waren die beiden Freunde fürs Leben.

Die einzig wahre und echte Freundschaft ohne jeden Mißton, die es je zwischen zwei Großen gab, vereinte *Haydn* und *Mozart.*
Als sie einander zum erstenmal begegneten, war Haydn fünfzig und Mozart sechsundzwanzig Jahre alt. Mit seinem Herrn, dem Fürsten Esterházy, war Haydn für den Winter nach Wien gekommen. Als er von Mozarts berühmten sonntäglichen Quartett-Matineen erfuhr, beschloß er, ihn aufzusuchen.
Von der ersten Stunde an nannte Mozart ihn ›Papa‹,

umarmte ihn herzlich und ehrte ihn in jeder Weise. Später widmete er ihm sechs Streichquartette, und als ihn irgendein naseweiser Mensch einmal fragte, warum denn gerade dem Haydn, soll er geantwortet haben: »Es ist nur meine Pflicht! Von ihm nämlich habe ich erst gelernt, wie man Quartette schreibt.«

Er ließ es nicht zu, daß jemand in seiner Gegenwart ohne den nötigen Respekt von Haydn sprach. Ein böhmischer Komponist namens Koželuh erlaubte sich einmal, nach dem Anhören eines Haydn-Quartetts verächtlich zu sagen: »Ich hätte das bestimmt nicht so geschrieben!« »Sicherlich nicht«, gab Mozart zurück, »ebensowenig wie ich! Und wissen Sie warum? Weil keiner von uns beiden so glänzende Einfälle gehabt hätte. Und selbst wenn man uns miteinander verschmolzen hätte, wär' noch nicht genug dabei herausgekommen, um aus uns einen Haydn zu machen!«

Im Lauf der Jahre wurden die beiden dann wirkliche Freunde. Sie musizierten miteinander, erzählten sich von ihren Plänen und besprachen musikalische Probleme. Als Mozarts Vater zu Besuch nach Wien kam, ließ Haydn ihm Mozarts neueste Quartette vorspielen. Danach nahm er den alten Mann beiseite und versicherte ihm: »Ihr Sohn hat Geschmack und überdies die größte Kompositionskenntnis. Ich sage Ihnen vor Gott als ehrlicher Mann und Musikant, daß er der größte Komponist ist, den ich von Person und dem Namen nach kenne!«

Acht Jahre währte ihre Freundschaft. Das letztemal sahen sie einander 1790, da Haydn von Wien Abschied nahm, um nach London zu gehen. »Gehen Sie nicht, Papa«, bedrängte ihn Mozart, »bitte gehen Sie nicht!

Sie wissen viel zu wenig von der großen fremden Welt und sprechen keine anderen Sprachen.«

»Meine Sprache ist die Musik, mein Sohn«, erklärte Haydn darauf. »Die versteht man in der ganzen Welt.«

Mozart geleitete ihn hinaus. Er umarmte ihn innig und sagte unter Tränen: »O mein lieber guter Papa, dies wird unser letzter Kuß sein!«

Nur wenige Monate später erreichte Haydn in London die Nachricht von Mozarts Tode. Er weinte bitterlich und sagte zu den Umstehenden: »Weint mit mir, Freunde, denn die Welt wird nie wieder seinesgleichen sehen!«

Legenden – teils wahr, teils erfunden

Die abendländische Musikgeschichte der Neuzeit beginnt mit einer schönen Lüge: der Geschichte, wie der Komponist *Giovanni Pierluigi da Palestrina* die erhabene Kunst der Musik vor der Ächtung durch die Kirche rettete, sie der Welt neu schenkte und ihren Ruhm für alle Zeiten sicherte.

In einer einzigen Nacht – so wird erzählt – habe Palestrina unter tätiger Mithilfe einiger eigens zu diesem Zwecke von der Heiligen Caecilia auf die Erde entsandten kleinen Engelchen, die ihm die herrlichsten Melodien ins Ohr sangen, seine *Missa Papae Marcelli* niedergeschrieben. Und mit diesem reinen und erhabenen Meisterwerk überzeugte er auch die finstersten Musikgegner, ihre Herzen wurden bezwungen, und sie unterließen fortan alle üblen Machenschaften.

Die tatsächliche Entstehungsgeschichte dieser *Missa* des Palestrina mag weniger romantisch sein, jedoch gewiß nicht weniger erfreulich.

Die Kirchenmusik befand sich um die Mitte des sechzehnten Jahrhunderts auf einem beklagenswerten Tiefstand: volkstümliche Gassenhauer erklangen in den heiligen Hallen, Tanzweisen wurden den frommen Texten unterlegt, und unzüchtige Lieder störten die Weihe des Gebets. Dennoch hat kein geistlicher Würdenträger je auch nur daran gedacht, aus der Kirche jenes wichtigste und wirkungsvollste Element des gottesdienstlichen Rituals zu verbannen – die Musik. Bittere Klagen waren indes zu Ohren des Heiligen Vaters gedrungen, und so berief denn Marcellus II. eines Tages den Päpstlichen Chor vor seinen Thron und hielt einen eindringlichen Vortrag über die ernsten Probleme wahrer Musik. Einer der Sänger war Palestrina. Der nachhaltige Eindruck, den der mahnende Appell des Papstes auf ihn gemacht hatte, vertiefte sich nur noch mehr, als wenige Tage darauf Marcellus nach nur drei Wochen päpstlicher Regierung verstarb. Palestrina nahm sich vor, eine Messe zu schreiben, in der die hohen Ideale des dahingegangenen Papstes verwirklicht und sein Gedächtnis geehrt werden sollte.

Fünf Jahre dauerte die Arbeit an der *Missa Papae Marcelli.* Am 19. Juni 1565, genau zehn Jahre nach jenem eindringlichen Appell des Papstes Marcellus, erklang sie zum ersten Male in der Sixtinischen Kapelle und wurde sofort als ein überragendes Kunstwerk erkannt. Sie hat bis zum Ende aller Zeiten Palestrinas Stellung als *il principe di musica* gesichert, auch wenn ihm keine Engelchen dabei geholfen haben und er sie weder in einer einzigen Nacht noch zur Rettung der Musik vor schmachvollem Kirchenbann niederschrieb.

Überspringen wir anderthalb Jahrhunderte zu jener ausgezeichneten und eindrucksvoll aufgebauten Geschichte um die *Wassermusik!* Sie beginnt zunächst einmal ganz dramatisch: *Georg Friedrich Händel* befand sich in einer recht mißlichen Lage. Er hatte seinen Posten als Kapellmeister am Hof von Hannover einfach im

Stich gelassen, um nach London zu gehen. Nun war Georg Ludwig, der Hannoversche Kurfürst, als Georg I. zum König von England gewählt worden, und der ausgekniffene Kapellmeister sah sich zwischen zwei Stühlen. Der neue König tat, als sei er nicht vorhanden. Seine Opern wurden gespielt, der König hörte sie sich an und sparte nicht mit Lob, aber um den Komponisten selbst kümmerte er sich nicht im geringsten.

Die prekäre Situation verlangte eine geschickte Lösung, auf welche denn der liebenswürdige Baron von Kielmansegge, der Königliche Stallmeister, auch verfiel, da er seit langem mit Händel befreundet war.

Der König hatte eine festliche Wasserfahrt befohlen. Königliche Barken sollten von Whitehall die Themse hinunter bis Limehouse gerudert werden, und Kielmansegge, der das gesamte Arrangement dieses unterhaltsamen Nachmittags besorgte, gab Händel den Auftrag zu einer hierfür passenden heiteren Musik. Sie sollte auf einem Nachen gespielt werden, der der königlichen Barke folgte.

Und so komponierte Händel denn jenes geniale Sammelsurium bezaubernder Lieder, Reigen, Menuette und Bourrées, das man heute unter dem Namen *Wassermusik* kennt. Die Vergnügungsfahrt fand am 22. August 1715 statt, einem Tage voll Glanz und Sonnenschein. Im Augenblick, da der König seine Barke betrat, begannen Händel und seine Musiker mit der Ouvertüre. Der König lauschte entzückt, lobte Baron Kielmansegge wegen seiner glücklichen Idee und fragte nach dem Namen des Komponisten dieser so reizenden Musik. Kielmansegge hatte das gewünschte Stichwort und erwiderte denn auch mit tiefer Verbeugung: »Georg Friedrich Händel,

Eure Majestät!« Der König schien angenehm überrascht und verlangte Herrn Händel zu sehen. Der Komponist erschien, der König beglückwünschte ihn und befahl für den Abend nach Tisch eine Wiederholung des Werkes. Händel gehorchte mit Freuden, und ehe der Tag sich neigte, waren der König und sein ehemaliger Kapellmeister völlig ausgesöhnt und die Welt um ein bezauberndes Musikstück reicher.

Ein höchst befriedigender und moralischer Abschluß für diese Geschichte um die Unbeständigkeit eines Künstlers und den Edelmut eines Herrschers. Das einzig Betrübliche daran ist leider nur, daß sie mehr als fraglich ist. Vor einigen Jahren hat Newman Flower, der gelehrte Händelbiograph, ein Dokument ausgegraben, den Diplomatenbericht des brandenburgischen Gesandten am Londoner Hof, aus dem unwiderlegbar hervorgeht, daß die berühmte Wasser-Partie nicht 1715, sondern erst 1717 stattgefunden hat, und zwar genau am 17. Juli. Der *Daily Courant* vom 18. Juli 1717 schildert denn auch das Königliche Fest unter lobender Erwähnung »der prächtigen Symphonien, welche Mr. Händel eigens zu dieser Gelegenheit komponiert habe.«

Im Jahre 1717 hatten sich aber König und Kapellmeister längst versöhnt und standen aufs beste miteinander. Händel hatte verschiedentlich bei Hofe gespielt und erhielt bereits seit zwei Jahren eine Pension vom König in der Höhe von zweihundert Pfund im Jahre.

Mag die *Wassermusik* also auch noch so reizend-graziös und melodisch sein, sie war dennoch nicht der Zauberstab, der eines gekränkten Königs Herz erst rühren mußte, so begreiflich das auch gewesen wäre. Er hatte längst vergeben.

Weitere hundert Jahre überspringend, kommen wir zu der sehr überzeugend klingenden, wenn auch ebenfalls nicht ganz wahren Geschichte von *Beethoven* und *Goethe* in Teplitz.

Im Sommer 1812 trafen sich diese beiden Titanen in jenem böhmischen Badeort. Es wird nun erzählt, daß sie eines Nachmittags miteinander spazierengegangen seien, wobei sie sich in der Hauptsache über Musik unterhielten. Da kam ihnen unversehens der gesamte österreichische Hof entgegen: Kaiser, Kaiserin und Erzherzog Rudolf mit großem Gefolge.

Goethe trat beiseite, nahm den Hut ab und verbeugte sich devot. Nicht so Beethoven. Er drückte sich den Hut nur tiefer in die Stirn, knöpfte seinen Mantel zu, verschränkte die Arme und schritt rücksichtslos geradeaus weiter. Die Kaiserin war nicht sehr erfreut, machte jedoch Platz, der Kaiser schüttelte nur lächelnd den Kopf, Erzherzog Rudolf grüßte Beethoven, und alle Fürsten und Höflinge traten beiseite, um ihn vorbeizulassen.

Als der Zug vorüber war, wartete Beethoven auf Goethe und begrüßte ihn mit einer Stimme, die wie das Grollen eines Löwen klang. »Ich habe auf Sie gewartet, weil ich Sie hoch achte. Aber glauben Sie mir, daß Sie diesen Menschen mehr Ehre erweisen, als sie verdienen. Ich selbst ergreife jede Gelegenheit, um ihnen den Unterschied begreiflich zu machen, der zwischen mir und ihnen besteht! Es gibt Tausende von Fürstlichkeiten in der Welt, aber nur einen Beethoven!«

Gut erzählt, sicherlich, denn es zeigt die beiden Unsterblichen genau in dem Licht, in dem die Welt sie zu sehen wünscht: Goethe höflich und geschmeidig, der vollendete Hofmann, Beethoven stolz und ungezähmt, der ewige

Rebell. Wie ungemein schmerzlich, eine so aparte Geschichte zerpflücken, den Mythos zerstören zu müssen, der beiden doch offensichtlich angemessen war. Allein es muß um der Genauigkeit willen geschehen, auch wenn dadurch Goethe weniger schmeichlerisch und Beethoven weniger bäurisch erscheint.
Die ganze Geschichte ist eine offensichtliche Erfindung jenes wohlbekannten Blaustrumpfs, Madame Bettina von Arnim, geborene Brentano, die ihrem ehemaligen Freund Goethe eins auswischen wollte. Diese geschwätzige Dame (nebenbei die erste, welche Beethovens Charakter ins Gefühlvolle und Romantische umbiegt) ist die einzige Quelle und angebliche Zeugin dieser Szene gewesen. Niemand, buchstäblich kein einziger Mensch, hat sonst je etwas davon erwähnt, davon geschrieben, es bestätigt oder sonst darauf hingewiesen. Dabei würde Beethoven sich bestimmt dessen gerühmt haben und Goethe wiederum Beethoven nicht bis zu dessen Tode so hochgeschätzt haben, wäre dieser Zwischenfall wirklich passiert. Darüber hinaus aber hat August Sauer, Literarhistoriker der Prager Universität, unglücklicherweise – für Bettina! – zweifelsfrei feststellen können, daß weder der Kaiser noch Erzherzog Rudolf auch nur einen Tag dieses ganzen Sommers 1812 in Teplitz gewesen sind, jenes einzigen Sommers, in dem Beethoven und Goethe einander dort begegneten.

Von all den tollen Geschichten, die man von *Niccolò Paganini* erzählt, sind wohl keine toller als jene, die sich mit seinem Trick der Solodarbietungen auf der G-Saite allein beschäftigen. Am beliebtesten ist die Behauptung, der Teufelskünstler habe seine Geliebte ermordet und während der Haft, zu der er verurteilt wurde, nur eine alte Geige mit einer einzigen Saite zu seiner Verfügung gehabt. Allen Ernstes hat sogar Liszt das schauerliche Gerücht weiterverbreitet, daß Paganinis G-Saite aus dem Darm der ermordeten Frau gedreht worden sei. In Wahrheit bediente sich Paganini dieses billigen Effektes nur, weil er damit seine Zuhörer stärker und nachhaltiger beeindruckte als mit all seinem virtuosen Können und musikalischen Genie.

Geboren wurde dieser Trick am Hofe der Fürstin Maria Anna Elisa von Lucca, Napoleons ältester Schwester. Als Musikmeister am dortigen Hofe mußte Paganini ständig für etwas Neues sorgen, womit er seine Herrin und ihre Freunde unterhalten konnte. So trug er eines Abends eine *Scena Amorosa* auf der Violine vor, die er selbst komponiert hatte. Das Stück stellte ein Gespräch zweier Liebenden dar, Werbung, Streit und Versöhnung. Um dies seinem Publikum recht anschaulich zu machen, spielte er die männliche Stimme nur auf der G-Saite, die weibliche auf der E-Saite. Man war denn auch sofort ganz hingerissen, und die Fürstin meinte begeistert halb im Scherz: »Warum spielen Sie denn nicht das nächstemal überhaupt nur auf einer Saite, mon cher Paganini?« Einen derart verlockenden Vorschlag ließ sich der auf äußere Effekte bedachte Virtuose natürlich nicht entgehen. Bereits beim nächsten Konzert kündigte er die erste Darbietung seiner Komposition für die G-Saite an, betitelt *Napoleon.*

Fortan verlangten die Konzertbesucher in ganz Europa diesen berühmt gewordenen Trick, an jedem seiner Abende mußte Paginini ein Solo auf der G-Saite spielen. Obgleich er tat, was er konnte, die phantastischen Greuelgeschichten über Gefängniszellen und ermordete Geliebte ins Lächerliche zu ziehen, hielt die Allgemeinheit eisern daran fest und gab sie als Legende an die Nachwelt weiter.

Zwischen den offensichtlich erdichteten und den beweisbar wahren Geschichten gibt es ein Zwischenreich sonderbarer Erfahrungen, von denen Musiker zuweilen sprechen: unwahrscheinliche Begebenheiten, Wahngebilde, Träume ...

»Sind wir denn nicht glücklich zu preisen, mein Freund«, bemerkte einst Joseph Lalande, der größte Astronom seiner Zeit, zu *Giuseppe Tartini,* dem damals größten Geigenkünstler, »glücklich, daß wir in diesem aufgeklärten achtzehnten Jahrhundert leben, frei von Wahn und Aberglauben, einzig überzeugt von dem, was wir mit Auge und Hirn erkennen können! Weit hinter uns liegen die Zeiten des Hexentums und der Magie, der Engel und Teufel –«

»Also glauben Sie nicht an den Teufel, Lalande?« unterbrach ihn Tartini.

»Selbstverständlich nicht«, lachte der Astronom.

»Aber ich!« versicherte der Geigenkünstler.« Ich glaube nicht nur an ihn, ich habe sogar Beweise für seine Existenz. Und ich bin ihm dankbar, da er mir zu meinem größten Erfolg verholfen hat.«

Und nun erzählte er Lalande die Entstehungsgeschichte seiner *Teufels-Sonate.* Zweiundzwanzig Jahre war er alt gewesen, als er eines Nachts träumte, daß er mit dem Teufel einen Pakt geschlossen habe. Er hatte ihm seine

Seele verpfändet, und der Satan sollte ihm dafür dreimal sieben Jahre dienen. Alles ging wunderbar: Tartini war (in seinem Traum) berühmt und reich geworden und hatte auf der ganzen Linie gesiegt. Eines Tages nahm er seine Geige, reichte sie dem Fürsten der Finsternis und sagte übermütig: »Jetzt spiel du einmal! Ich will doch sehen, ob der Teufel mehr Kunststücke auf der Fiedel versteht als ich, Giuseppe Tartini!«

Und der Teufel spielte – spielte, wie Tartini nie zuvor jemanden hatte spielen hören. Es war eine Sonate, die wild erregend und gleichzeitig traurig war, herzergreifend und barbarisch, voll wunderbarer Schönheit und zugleich abstoßend. Es waren hinreißende und gewagte Harmonien, die er da vernahm.

Tartini war außer sich vor Begeisterung. Er wagte kaum zu atmen – doch plötzlich wachte er auf. Er sprang von seinem Lager empor, griff nach seiner Geige und begann die Musik nachzuspielen, die er soeben gehört hatte. Er wußte noch lange Passagen ganz genau, aber so verzweifelt er sich auch mühte, das ganze Stück, das der Teufel ihm vorgespielt, bekam er nicht mehr zusammen.

»Ich schrieb nieder, was ich behalten hatte«, endete Tartini seinen Bericht. »Es ist der *Teufelstriller,* den Sie und viele andere inzwischen oft von mir gehört haben. Aber ich kann Ihnen versichern, mein gelehrter, zweifelnder Freund, daß er noch immer nicht entfernt an jene hinreißende Musik heranreicht, die mir der Teufel im Traum vorgespielt hatte!«

Eine der schlimmsten Schauergeschichten aus dem Reich der Musik ist die vielfach angezweifelte und doch ständig wiederholte Erzählung vom tragischen Ende des *Alessandro Stradella,* der im siebzehnten Jahrhundert in Italien hochberühmt als Komponist, Dichter, Sänger, Dirigent, Geiger, Organist, Cembalist und Harfenkünstler war. Sein Geist, sein Talent und seine untadeligen Manieren öffneten ihm die Tore jedes Palazzo im ganzen Lande. Eines Tages verpflichtete ihn ein venezianischer Edelmann als Gesangslehrer für seine schöne junge Braut – eine Aufgabe, die zwar vom gesellschaftlichen wie finanziellen Standpunkt aus erfreulich und vielversprechend war, doch der Keim zu Stradellas vorzeitigem schlimmen Ende wurde.

Der vielseitige Musiker, von leicht entflammbarer Natur, verliebte sich in die bezaubernde Hortensia und brannte mit ihr nach Rom durch. Der verschmähte Adlige folgte der allgemeinen Sitte jener Zeit, indem er sich zwei finstere Gesellen dingte und sie auf die Spur des Paares hetzte.

Mochte er sich nun seinen Racheplan auch noch so gut auskalkuliert haben, er vergaß doch, in Rechnung zu stellen, daß die dem Italiener angeborene Liebe zur Musik auch die schwarzen Seelen professioneller Mörder in ihren Bann schlagen kann. Denn es geschah, daß am Sonntag Judica des Jahres 1675 die beiden Schurken das Oratorium ›Johannes der Täufer‹ unter persönlicher Leitung des Komponisten Stradella in der römischen Kirche San Giovanni in Laterno mit angehört hatten und ihr Kunstverständnis über geschäftliche Klugheit siegte. Sie traten auf Alessandro zu, als dieser, umringt von Bewunderern, mit der Dame Hortensia

eben die Kirche verließ. Anstatt ihn jedoch zu erstechen wie geplant, fielen sie vor ihm auf die Knie, bekannten ihre finstern Absichten und beglückwünschten ihn zum Erfolg seines herrlichen Werkes.
Überwältigt von dieser erstaunlichen Wirkung seines Oratoriums, belohnte Stradella die beiden Männer reichlich, versicherte sie zum Abschied seiner ewigen Dankbarkeit und reiste bald darauf nach Turin ab, wo er der Erstaufführung seiner Oper beiwohnen wollte.
Der zweifach betrogene venezianische Edle jedoch, der seit der Entführung seiner Braut ein verständliches Interesse für alle musikalischen Ereignisse zeigte, hatte von dieser kommenden Premiere ebenfalls gehört. Er suchte sich zwei andere Schurken – diesmal solche mit verläßlichen Empfehlungen – und setzte sie nach Turin in Marsch. Ob nun diesen dunklen Ehrenmännern das musikalische Verständnis ihrer Landsleute abging oder ob Stradellas Oper nicht ganz so gut war wie seine sonstigen Werke – jedenfalls fand man den damals siebenunddreißigjährigen Komponisten und seine Schöne am Morgen nach der Premiere grausam hingemordet in ihrem Schlafgemach.

Nichts Geheimnisvolles oder Übernatürliches steckte aber hinter jenem Auftrag, der *Mozart* sein letztes Werk komponieren ließ. Es war ein Zusammentreffen seltsamer Umstände, daß dies alles auf den Künstler so düster und tragisch wirkte.
Ein langer, hagerer Mensch erschien eines Tages in Mozarts Heim und überreichte ihm einen Brief, mit dem ihn eine Persönlichkeit von hohem Stande gegen ein von

ihm selbst zu benennendes Honorar beauftragte, innerhalb von einem Monat ein Requiem zum Gedenken eines Verstorbenen zu schreiben. Die einzige Bedingung war, daß er nie und unter keinen Umständen versuchen dürfe, den Schreiber dieses Briefes zu ermitteln. Mozart befand sich damals in einem elenden Zustand, überarbeitet, kränkelnd, verschuldet und völlig mit den Nerven herunter. Er blickte den Fremden an ... Ist dies der Tod? dachte er. Soll ich etwa meine eigene Totenmesse schreiben? Ist meine Uhr abgelaufen? Soll ich tatsächlich schon mit fünfunddreißig sterben?

»Würden Sie bitte Ihren Preis nennen?« Die Stimme des Fremden schien Millionen Lichtjahre entfernt.

Meinen Preis, dachte Mozart, o ja, ich weiß: der Preis wird mein eigenes Leben sein. Aber ich muß es annehmen. Ich brauche das Geld ja so dringend. Ich muß den Greisler zahlen und die Miete. Und Stanzi soll nach Baden – sie muß eine Erholung haben. Ich bin ein Narr. Dieser Mann da ist ja ein ganz gewöhnlicher Mensch. Ein bisserl hager ist er – vielleicht hat das mich so dumm erschreckt. Ich bin abgespannt und übermüdet, da sieht man leicht Gespenster ...

Und so sagte er denn zu dem Mann mit fester Stimme: »Mein Preis ist fünfzig Dukaten.« Der Fremde war einverstanden, öffnete eine lederne Börse und zählte das Geld auf den Tisch. Dann schritt er gemessen zur Tür, versprach, in einem Monat wiederzukommen, und war verschwunden.

Der Monat war vergangen, und Mozart hatte das Werk keineswegs vollendet. Ohnmachtsanfälle und schmerzhaft geschwollene Hand- und Fußgelenke behinderten seine Arbeitsfähigkeit. Er mußte den Fremden bei sei-

nem Erscheinen um eine Frist von weiteren vier Wochen bitten.
Bedrängt von Angstvorstellungen, schrieb Mozart Seite um Seite – das *Requiem Aeternam*, das *Dies Irae*, das *Kyrie*, das *Domine Jesu* – die ganze gigantische Vision des Jüngsten Gerichts, die vielleicht erhabenste Musik, die je ein menschliches Hirn ersonnen.
Am Sonntag, dem 4. Dezember 1791, bat er einige Freunde an sein Krankenlager, teilte ihnen die Stimmen des neuen Werkes aus, und sie spielten und sangen, während Mozart mit müden Bewegungen zu taktieren versuchte. Als sie zum *Lacrimosa* kamen, schluchzte Mozart herzzerbrechend. Später unterhielt er sich noch mit seinem Schüler Süßmayer. Mit sehr leiser, aber fester Stimme gab er ihm Anweisungen, wie er sich die Vollendung des Werkes gedacht habe. Gegen Mitternacht verlor er das Bewußtsein. In seinem Todeskampf suchte er Stellen aus seinem *Requiem* zu singen. Etwa um ein Uhr öffnete er noch einmal groß seine Augen, lächelte schwach und starb.
Am nächsten Tag suchte Baron von Swieten, ein wohlsituierter Freund Mozarts, dessen Witwe auf und riet ihr, das letzte vorhandene Geld nicht für das Begräbnis zum Fenster hinauszuwerfen. So erhielt Mozart denn ein Armenbegräbnis. Als der Leichenwagen, unbegleitet, durchs Friedhofstor hereinrollte, erkundigte sich eine alte Bettlerin, die dort saß, beim Kutscher: »Wen habt ihr denn da?«
»Nur einen Kapellmeister«, erwiderte der Mann ...
An die zwanzig Jahre später gestand ein Mann namens Leutgeb aus dem Dorfe Stuppach in Niederösterreich kurz vor seinem Tod, daß er, als er noch in Diensten des

Grafen von Walsegg gestanden, von diesem den Auftrag erhalten habe, sich nach Wien zu begeben und bei dem Komponisten Wolfgang Amadeus Mozart einen Brief abzugeben. Der Graf, ein schwerreicher Musiknarr, hatte Leutgeb schon des öfteren zu den verschiedensten bekannten Komponisten gesandt, bei denen er Werke in Auftrag gab. Trafen die Partituren dann bei ihm ein, so schrieb der Graf sie meist eigenhändig ab und ließ sie unter seinem eigenen Namen drucken und aufführen.

Anfang 1791 war die Frau des Grafen gestorben, und Walsegg hatte beschlossen, Mozart mit der Komposition eines Requiems zu ihrem Gedenken zu betrauen. Er hatte diesen Meister seit langem bewundert, wagte aber erst jetzt, dies Ansinnen an ihn zu stellen, da er von seinen mißlichen Finanzverhältnissen vernommen hatte. So also kam Leutgeb nach Wien und verhandelte mit Mozart. Nach dem Tod des Komponisten meldete er sich bei seiner Witwe und erhielt das *Requiem* ausgehändigt, das Süßmayer inzwischen nach des Meisters Angaben vollendet hatte.

Der Graf schrieb die Partitur bedenkenlos ab und setzte auf das Titelblatt: *Requiem*, komponiert von Graf Walsegg. Zwei Jahre darauf ließ er das Werk in Wiener Neustadt aufführen. Constanze Mozart jedoch brach ganz offenkundig die zwischen ihrem Mann und dem Grafen getroffene Vereinbarung, indem sie zur gleichen Zeit eine Aufführung des *Requiem* in Wien unter dem Namen des eigentlichen Komponisten durchsetzte.

Der Graf ging gerichtlich gegen Mozarts Witwe vor, doch wurde die Angelegenheit dann ohne Verhandlung geschlichtet. Enttäuscht und entrüstet zog sich der Graf von dieser höchst unerquicklichen Geschichte zurück, zwar gedemütigt und geschlagen, aber immerhin der Urheber eines der größten Meisterwerke der Musik.

Immer und zu allen Zeiten hat der Klatsch geblüht, wo das Musikleben besonders reich entwickelt war, und die Geschichten, die man sich in Wien und Paris zuraunte, werden wohl niemals ganz sterben.

Hat *Salieri Mozart* vergiftet? Hartnäckig behauptet sich diese Fabel seit hundertfünfzig Jahren. Puschkin hat ein Theaterstück daraus gemacht, Rimsky-Korssakoff eine Oper, und wenn auch manche Forscher darüber spotteten, haben andere beharrlich daran festgehalten.

Antonio Salieri selber, der Hofkompositeur und Kapellmeister, mit Gluck und Haydn befreundet, Lehrer von Beethoven und Cherubini, hatte seinen Schüler Ignaz Moscheles zu sich kommen lassen, als er todkrank auf Armenkosten im Wiener Städtischen Spital lag. »Mit mir geht es zu Ende«, sagte er zu dem jungen Mann, »doch ehe ich von hinnen scheide, sollen Sie hören und es der ganzen Welt mitteilen, daß ich Mozart nicht vergiftet habe.«

Und dann berichtete er ihm eingehend, was sich zugetragen. Als Mozart starb, hatte Salieri nämlich eine sehr ungeschickte Äußerung getan: »Ein Genie ist dahingegangen. Freuen wir uns darob, denn für unsere Musik hätte bald keiner mehr ein Stück Brot gegeben.« Und das hatte die wilden Gerüchte in Wien entstehen lassen.

Das eine allerdings stimmte: Salieri hat Mozart von Anfang an gehaßt. Er hatte sehr wohl seine überragende Größe erkannt und alles getan, was in seiner Macht

Ein unglücklicher Zwischenfall

stand, um ihn nicht hochkommen zu lassen. Er hätte den Kaiser dahin bringen können, Mozart zu helfen, aber er hat nur schlecht von ihm gesprochen. Er hätte die Macht gehabt, ihn zum Hofkapellmeister zu machen, aber er hat diese Ernennung hintertrieben. Ganz am Schluß erst, als er selber aus dem Hofdienst entlassen war, wurde er milder. Er besuchte die Erstaufführung der *Zauberflöte* und beglückwünschte Mozart zu seiner herrlichen Musik; allein es war zu spät: Mozart hatte nur noch zwei Monate zu leben.

Zum ersten Male wurde am Abend des 5. April 1874 in Wien *Die Fledermaus* aufgeführt, diese genialste aller Operetten mit ihren zündenden Melodien, an der Johann Strauß angeblich nur zweiundvierzig Tage gearbeitet haben soll. Es gab da jedoch noch ein anderes Gerücht, das wieder und wieder auftauchte; man behauptete nämlich, die Musik stamme gar nicht von Johann Strauß. Der Komponist habe den Nachlaß seines verstorbenen Bruders Josef geplündert und dessen Witwe eine beträchtliche Summe dafür gezahlt, daß er damit tun und lassen konnte, was er wollte. Eduard Strauß, der dritte der Brüder, beteiligte sich an diesen Klatschereien, indem er Johann in aller Öffentlichkeit solcher Gemeinheit beschuldigte.

Vier Jahre vor der Fledermauspremiere war Josef Strauß, dem wir mit *Sphärenklänge, Dynamiden* und *Mein Lebenslauf* wahre Kleinode der Walzermusik verdanken, beim Dirigieren eines Konzertes in Warschau zusammengebrochen und wenige Wochen später, dreiundvierzig Jahre alt, in Wien gestorben.

Als Johann von dem Unglück seines Bruders hörte, war er sofort nach Warschau geeilt und hatte den Kontrakt für die restlichen Konzerte an seiner Statt erfüllt. Selbstverständlich wurde ihm daraufhin das vereinbarte Honorar ausgehändigt, das er der Frau seines Bruders übergab. Als Testamentsvollstrecker seines Bruders war es seine Pflicht, den Schreibtisch des Verstorbenen zu öffnen. Er fand indes keine fertigen Manuskripte oder Notizen außer den alten und längst bekannten Arbeiten.

Es war ein seltsames Zusammentreffen merkwürdiger Umstände: die vielberedete Schnelligkeit, mit der Strauß – entgegen seiner sonstigen Arbeitsmethode – die Komposition der *Fledermaus* vollendete; die erstaunliche Tatsache eines leeren Arbeitspultes bei dem Toten, der ein fleißiger und vielbegehrter Komponist gewesen war; die verdächtige und unbestreitbare Zahlung einer beträchtlichen Summe an Josefs Witwe und schließlich das unverschämte Verhalten von Bruder Eduard.

Johann Strauß kam dadurch in eine höchst mißliche Lage: er, der in aller Welt berühmte und erfolgreichste Komponist, wurde unter der Hand verdächtigt, seines Bruders geistige Hinterlassenschaft geplündert und als eigene Schöpfung ausgegeben zu haben. Sollte er etwas dagegen unternehmen, sich verteidigen, die Verleumder niederschmettern? Er schwieg; er wünschte keinerlei Erklärungen abzugeben oder die Angriffe abzuwehren. Er wußte, daß er den einzig möglichen, den stärksten und unerschütterlichsten Beweis seiner Autorschaft für alle jene besaß, die Ohren hatten, zu hören: jeden einzigen Takt seines Werkes *Die Fledermaus*.

Am 16. Dezember 1838 dirigierte *Hector Berlioz* in Paris ein Konzert mit eigenen Werken, darunter die *Fantastische Sinfonie* und *Harold in Italien.* Paganini, der sich unter den Zuhörern befunden hatte, trat nach Schluß auf den Komponisten zu und zeigte ihm seine tiefe Bewunderung, indem er niederkniete und Berlioz verehrungsvoll die Hand küßte. Am nächsten Tag erhielt Berlioz den Besuch von Achillino, Paganinis Sohn, der ihm einen Brief seines Vaters überbrachte. Er enthielt eine Anweisung an das Bankhaus Rothschild, dem Komponisten die Summe von zwanzigtausend Francs auszuhändigen.

Tiefgerührt über diese unerhörte Großzügigkeit begab sich Berlioz – wie er in seinen *Memoiren* berichtet – zu Paganini. Dankerfüllt umarmte er ihn, doch der Geiger wehrte bescheiden ab. Er sei es, versicherte er wieder und wieder, der zu danken habe, da es ihm die höchste Befriedigung gewähre, einem so grandiosen Komponisten von einigem Nutzen sein zu dürfen.

Diese sensationelle und rührende Episode machte natürlich umgehend die Runde in allen Pariser Salons und Caféhäusern, wurde jedoch allgemein von vornherein angezweifelt. Paganini war als Geizhals bekannt, und man traute ihm nicht ohne weiteres zu, daß er sich nur wegen Berlioz' schöner Musik von einer so erheblichen Summe trennen würde. Gerüchte tauchten auf, daß Paganini nur vorgeschoben sei für eine andere Person, die unbekannt zu bleiben wünsche, und bald war es denn heraus, daß Berlioz' anonymer Wohltäter eigentlich Armand Bertin sei, Herausgeber des *Journal des Debats,* einer Zeitung, an der Berlioz als Musikkritiker arbeitete.

Bertin, der sowohl Stolz und Zurückhaltung als auch die mißlichen Geldverhältnisse des Komponisten kannte, habe diese List ersonnen, um ihm zu helfen. Ganz Paris pries seinen Takt und seine Großzügigkeit, bis man eines Tages hinter die wahren und nicht weniger sensationellen Hintergründe der Affäre kam. Paganini war seit Jahren heftigen Angriffen in der Pariser Presse ausgesetzt gewesen, und die Herren Bertin und Berlioz, die beide erfahrene und ziemlich bedenkenlose Journalisten waren, nutzten diese Tatsache für ihren schlau ersonnenen und unerhört geschickt durchgeführten Plan. Sie ließen dem sagenhaft reichen Geiger gegenüber durchblicken, daß sie alle weiteren Zeitungsangriffe hintertreiben könnten, sofern er dafür eine hübsche runde Summe zu zahlen bereit sei.
Paganini blieb nichts anderes übrig, als auf dieses dreiste, wenn auch in jenen Tagen nicht ungewöhnliche Angebot einzugehen, und so kamen die drei zusammen, um Näheres über die Durchführung der Angelegenheit abzumachen. Man kann mit ziemlicher Sicherheit annehmen, daß der Einfall von Bertin stammte – dieser wahrhaft geniale Einfall, der Berlioz, den noch um Anerkennung ringenden Komponisten, mit einem Schlag in aller Leute Mund brachte und ihn zudem auf einige Zeit von seinen Geldschwierigkeiten erlöste; der Paganini, einem zwielichtigen Charakter, fortan den Ärger mit der Presse ersparte und dem Gerede über seine Geldgier ein Ende machte; und er zeigte zu allem andern noch Bertin selber, einen berüchtigten Erpresser, als edelmütigen, sich bescheiden im Hintergrund haltenden Mäzen. Allerhand Gewinn für zwanzigtausend Franken und eine einzige gute Idee!

Wie hatte *Paganini* übrigens seine erstaunliche Künstlerschaft und seine virtuose Technik erworben, und wie hielt er sich auf seiner einmaligen Höhe? Mußte er stundenlang üben, oder kam ihm das alles im Schlafe?
George Harrys, ein junger englischer Diplomat am Kurfürstlichen Hof von Hannover, beschloß, dies herauszufinden. Er ließ sich von Paganini als Sekretär anwerben und begleitete ihn ein volles Jahr lang kreuz und quer durch ganz Europa. Er folgte ihm dabei wie sein Schatten, studierte seinen Charakter, seine Gewohnheiten, seine Lebensweise, machte sich Notizen über seine Unterhaltungen und interessierte sich sogar für die Diät des Meisters. Tag und Nacht beobachtete er ihn, doch in all der Zeit sah er niemals, daß Paganini seine Geige auch nur anrührte, es sei denn abends auf dem Konzertpodium. »Üben Sie denn nie?« erkundigte sich Harrys eines Tages. »Nein, mein Freund«, erwiderte der Virtuose, »wozu sollte ich? Als ich jung war, habe ich schwer genug schuften müssen – jetzt ist es an der Zeit, mich auszuruhen!«

Bülow tat den recht scheinheiligen Ausspruch: »Wenn ich einmal einen Tag nicht übe, merke ich selbst den Unterschied; übe ich zwei Tage nicht, so merken es meine Freunde; habe ich aber einmal drei Tage nicht geübt, spürt es das Publikum.«
»Das scheint mir faules Gerede«, meinte dazu *Fritz Kreisler*, »weil ich nämlich niemals übe – aber um Himmelswillen verraten Sie das nicht. Das könnte verheerend wirken auf junge Violinstudenten!«

Es gab da einmal einen Kapellmeister in Rio de Janeiro, einen Mann namens Leopoldo di Miguez, der sein Handwerk gut verstand und sein Leben lang hart gearbeitet hatte, Opern und Konzerte einstudierte und leitete in der brennenden Hoffnung, eines Tages in die Musikgeschichte einzugehen. Er hat sein Ziel erreicht, wenn auch auf einem seltsamen Umweg. Das Schicksal hatte ihn zum Sprungbrett ausersehen, und nicht weil er dirigierte, sondern weil er sich einmal weigerte zu dirigieren, ist sein Name unsterblich geworden.
Im Frühjahr 1886 hatte Miguez mit größter Sorgfalt die erste Aufführung von Verdis *Aida* in Rio vorbereitet – aber die italienischen Sänger und Orchestermitglieder schienen mit dem Ergebnis nicht zufrieden. Sie murrten und zeigten ihm auf jede Weise, wie anders man all dies in Mailand mache, von wo die Truppe kam. Bei der Generalprobe weigerte sich der Sänger Roveri (Dank sei ihm!), unter Miguez zu singen, das Orchester wollte nicht zu spielen beginnen, und so wurde der gute Leopoldo wütend, warf den Taktstock hin und verließ empört das Theater. Er würde es nie wieder betreten, solange diese Italiener hier seien!
Die Opernleitung war in der größten Verlegenheit. Miguez war beliebt, hatte viele Anhänger, und das Haus war ausverkauft. Er mußte einfach zurückkommen! Superti, der Impresario und zweite Kapellmeister, versuchte ihn umzustimmen, doch Miguez gab nicht nach. Also entschloß sich Superti, selbst in die Bresche zu springen. Kaum hatte er jedoch dann am Abend der Premiere den Orchesterraum betreten, als ihm Pfiffe und Geschrei entgegengellten: »Miguez! Wo ist Miguez? Wir wollen Miguez!« Superti verließ beleidigt das Di-

rigentenpult. Ein junger Chorleiter, Aristide Venturi, versuchte sein Heil mit dem gleichen Resultat. In diesem Augenblick stand ein Cellist im Orchester auf, der bisher den Ereignissen schweigend gefolgt war, begab sich zu dem Impresario der Truppe und erbot sich, als Dirigent einzuspringen. Er war neunzehn Jahre alt, hieß *Arturo Toscanini* – und er hatte noch nie zuvor ein Orchester geleitet, geschweige denn einen derart komplizierten Apparat wie eine Opernaufführung übersehen gelernt. Und doch war etwas so Zwingendes und Gebieterisches in der Haltung dieses jungen Menschen, daß die Direktion sein Angebot annahm.
Er schritt auf das Dirigentenpult zu, warf einen furchtlosen Blick auf den Tumult, ergriff den Taktstock und schloß mit einer einzigen raschen Bewegung die Partitur, die vor ihm lag. Das Publikum hatte es bemerkt. Man schien überrascht, und einige lachten. Aber dann wurden sie unversehens stiller, die Lampen gingen aus, und Toscanini gab das Einsatzzeichen.
Immer wieder brandete an diesem Abend der Beifall auf, bis er sich zuletzt in einem gewaltigen Crescendo zu einer Ovation für den jungen Dirigenten steigerte, wie man sie in Rio noch niemals erlebt hatte.
Dies also war die Aufgabe, zu der das Schicksal Leopoldo di Miguez ausersah und die ihm seinen bescheidenen, aber unvergänglichen Platz im großen Buch der Musik sicherte. Und natürlich wurde am nächsten Morgen Toscaninis Kontrakt als Cellist der Italienischen Operngesellschaft in Rio de Janeiro gestrichen.

Kaiser, Könige, Prinzen und Zwerge

»Mozart«, so bemerkte Philip Hale einmal, »hatte kein Glück mit seinen Kaisern.«

Das ist in der Tat richtig – und er war auch nicht der einzige Musiker, der unter fürstlichen Ungnaden und Unfreundlichkeiten zu leiden hatte. Aber um ganz gerecht zu sein: gab es nicht mindestens genauso viele Herrscher, die kein Glück mit ihren Komponisten hatten, wenn auch ihr Unglück gewöhnlich leichter zu ertragen war und bei weitem weniger entscheidende Folgen hatte.

Musiker zeigen sich in Gegenwart von Fürsten oft hochnäsig, taktlos und eigensinnig, manchmal kriecherisch, demütig und heuchlerisch. Diejenigen, die ausgeglichen genug sind, um sich natürlich zu geben, sind seltene Ausnahmen.

Farinelli, der größte aller Kastraten, war sicherlich einer von ihnen. Im Jahre 1736 wurde er bei einer Konzertreise durch Spanien an den königlichen Hof gerufen. Die Königin, eine hochintelligente und aufgeklärte Frau, war entschlossen, ihren Gemahl, König Philipp V., von seinen dauernden melancholischen und depressiven Stimmungen zu befreien, und bat deshalb den fabelhaften Sänger, vor dem Monarchen aufzutreten. Farinelli gab vier seiner süßesten Lieder zum besten – und wie durch einen Zauber wurde der König geheilt. Der zurückgezogene, scheue Mann gewann plötzlich Interesse an Musik, am Weltgeschehen, an seinem Leben und an seiner Frau.

Der Sänger wurde wahrhaft fürstlich belohnt: er erhielt eine Pension von 50 000 Franken im Jahr, unter der Bedingung, daß er niemals wieder öffentlich auftrete und jeden Abend dem König die gleichen vier Lieder vorsänge, wie damals, als ihn Seine Majestät zum erstenmal hörte. Und so wiederholte Farinelli zehn Jahre lang (3600 mal) sein kleines Repertoire und wartete Abend für Abend, bis der König von Spanien in Schlaf sank.

Als Philipp starb, behielt sein Nachfolger, Ferdinand VI., den klugen und bescheidenen Mann am Hof. Er machte ihn sogar zu seinem Ersten Favoriten, eine Position, die höher war als alle Ministerposten. Ferdinands Nachfolger machte mit all dem Schluß. Er bat Farinelli in höflichem, aber bestimmten Ton, Spanien zu verlassen, und er ließ ihm seine Pension, vorausgesetzt, daß er nie wieder seinen Fuß auf spanisches Gebiet setzte.

So kehrte Farinelli nach einem dreiundzwanzigjährigen Dienst am Hof nach Italien zurück und lebte dort in einem Schloß, das er sich erbaut und das er, offenbar als Kompliment für seine Londoner Bewunderer, »Follia Inglese« genannt hatte, bis er 1782 im Alter von 78 Jahren starb.

Rossini, der unfehlbare Mann von Welt, war auch einer aus der kleinen Gruppe von Musikern, der mit Fürsten in einer freien, gelassenen Art verkehrte und dementsprechend von ihnen als ihresgleichen behandelt wurde. Als eines Abends Kaiser Napoleon III. die Oper besuchte, sah er den Komponisten in einer Loge gegenüber. Seit langem war er begierig gewesen, ihn zu treffen, und so entsandte er einen Diener, um ihn in seine Loge zu bitten. Rossini kam und entschuldigte sich, daß er keine Abendkleidung trüge, da er nicht auf die Ehre vorbereitet gewesen wäre, Seiner Majestät vorgestellt zu werden. »Erweisen Sie mir die Ehre, neben mir zu sitzen, Maestro Rossini«, erwiderte Napoleon III., »und bitte denken Sie daran, daß unter Kaisern jede Zeremonie unnötig ist.«

König Georg IV., der sich einbildete, Schutzherr der Musik und Besitzer eines melodiösen Basses zu sein, erfuhr eines Tages, daß der große Rossini in London angekommen sei. Er bat ihn sofort in den Buckingham Palace und machte den Vorschlag, einige Opernduette zusammen zu singen.
Rossini kam, und die beiden stämmigen Herren, beide liebenswert, pathetisch und extrovertiert, fanden bald, daß sie vieles gemeinsam hatten: ihre Lebenslust, ihre Sinnenfreude, ihre Genüßlichkeit und natürlich ihre Liebe zur Musik. Sie zogen sich ans Klavier zurück und sangen mit großem Vergnügen eine Buffo-Nummer aus Rossinis »Cenerentola«. Plötzlich brach Seine Majestät den Gesang ab: »Es tut mir leid, mein lieber Rossini, aber ich glaube, ich bin irgendwie in einen Holzweg geraten.«
»Euer Gnaden«, entgegnete der Komponist ironisch, »Sie haben das Recht zu tun, was Sie wollen, und ich werde Ihnen mit großem Vergnügen folgen, sogar zur Hölle!«

König Friedrich II. von Preußen war nicht nur der eitelste und passionierteste aller musikalischen Amateure (solange er seine Zähne hatte, übte er täglich viermal die Flöte), sondern auch ein hartnäckiger Prominentenjäger.

Bachs Sohn Philipp Emanuel, einer von Friedrichs Hofmusikanten, hatte dem König so viel über seinen Vater erzählt, daß eine Einladung nach Leipzig geschickt wurde, die den alten Kantor ersuchte, nach Potsdam zu kommen und am Hof aufzutreten. Als am Nachmittag des 7. Mai 1747 der Gast eintraf, war der König gerade dabei, ein Flötensolo in einem seiner täglichen Konzerte zu spielen. Er wandte sich an den versammelten Hof und sagte: »Meine Herren, der alte Bach ist gekommen.«

Das Konzert wurde unterbrochen und Bach, der nicht einmal Zeit hatte, sich umzukleiden, wurde dem König vorgeführt. Seine Majestät zeigte ihm stolz ihre Sammlung alter und neuer Tasteninstrumente und forderte ihn auf, sie auszuprobieren. Bach folgte der Einladung und gab ein verblüffendes Beispiel seiner Virtuosität im Spielen und Improvisieren. Friedrich war entzückt. Er ließ seinem Gast fürstliche Ehren widerfahren und maß seinem Aufenthalt in Potsdam große Bedeutung bei. Bevor der Komponist nach Leipzig zurückfuhr, bat er den König, ihm ein Thema zu geben, auf dem er im Andenken an seinen Besuch ein »Musikalisches Opfer« aufbauen konnte.

Friedrich schmeichelte diese Anerkennung seiner Musikalität durch eine solche Autorität. Er schrieb eigenhändig ein Thema nieder, aus dem Bach später das *Musikalische Opfer*, eines seiner genialsten Meisterwerke, formte. Als Andenken an seine Potsdamer Zeit widmete er es dem König.

Und dies ist die Geschichte eines weiteren Meisterwerks, das von einem anderen Herrscher inspiriert wurde. Als *Beethoven* seine *Dritte Symphonie* beendete, setzte er auf die Titelseite:

»Sinfonia grande
1804 in August.
Geschrieben auf Bonaparte
del Signor Louis van Beethoven
Op. 55«

Er ließ die Partitur wunderschön abschreiben. Auf die erste Seite schrieb er ganz oben das Wort »Buonaparte« und ganz unten »Luigi van Beethoven«. In dieser Form wollte er das neue Opus seinem Helden, dem Ersten Konsul, übersenden, dem Soldaten der Revolution, dem Zerstörer nichtswürdiger Königreiche, dem Retter des freien Geistes.
Eines Morgens stürmte Beethovens Schüler Ferdinand Ries ins Zimmer mit der Nachricht, daß Bonaparte sich zum Kaiser ausgerufen hatte. Beethoven war zuerst sprachlos, sah zornig auf den Boden, dann bekam er einen Wutanfall und brüllte: »Ist er auch nur ein gewöhnlicher Mensch? Nun wird er sich über alle Sterblichen erheben und ein Tyrann werden.«
Dann sprang er zum Tisch, wo die Abschrift der neuen Symphonie lag, riß das Titelblatt in Fetzen, warf es zu Boden und trampelte unter ununterbrochenen Flüchen und Verwünschungen wie ein Wahnsinniger darauf herum.

Später entfernte er aus dem Originalmanuskript die Worte »Geschrieben auf Bonaparte«, und als 1806 das Werk gedruckt wurde, nannte er es:

Sinfonia Eroica
Per Festeggiare la Memoria
Di un Eroe«

Viele Jahre später, als er an der »Missa Solemnis« arbeitete, erreichte Beethoven die Nachricht von Napoleons Tod auf St. Helena. Er hielt einen Augenblick inne und sagte ruhig, den Blick in weite Fernen gerichtet: »Ich schrieb vor einigen zwanzig Jahren die passende Musik für diese Katastrophe.«

Hector Berlioz schrieb sein Requiem für die umfangreichste Orchesterbesetzung, die jemals eingesetzt wurde: hundert Streicher, fünfzig Blechbläser, die vierfache Zahl an Holzblasinstrumenten. (»Er ist eine ungeheuerliche Nachtigall«, sagte Heinrich Heine, »eine Lerche, so groß wie ein Adler!«) Eines Tages wurde Berlioz dem König von Preußen vorgestellt. »Monsieur«, begann Seine Majestät mit einem leicht ironischen Unterton, »Sie sind also der außergewöhnliche Komponist, der immer für 500 Akteure schreibt.«
»Ihre Majestät ist leider falsch unterrichtet«, entgegnete Berlioz mit tödlichem Ernst, »manchmal habe ich auch schon für 450 geschrieben.«

Königin Elisabeth I. sandte in der Kirche einmal einen Boten zu Dr. Christopher Tye, dem berühmten Hofor-

ganisten, mit der Meldung, daß er an diesem Morgen vollkommen falsch gespielt habe.
»Sagen Sie Ihrer Majestät«, erwiderte der gute Doktor, »daß mit Verlaub Ihre Ohren an diesem Morgen vollkommen falsch gehört haben.«

Als *Paderewski* vor dem russischen Zaren Nikolaus II. spielte, gab der Monarch nach dem Konzert seiner Freude Ausdruck darüber, daß ein Russe solchen Ruhm in der Welt der Musik erlangt habe. »Ich bin kein Russe, Euer Majestät«, sagte Paderewski kühl, »ich bin Pole!« Er wurde in Rußland nie wieder gehört.

Als *Anton Bruckner* gegen Ende seines Lebens zum Ritter des Franz-Joseph-Ordens ernannt wurde, bat er um eine Audienz, damit er Seiner Majestät unterwürfig für die Ehre danken könne, die ihm jener hatte zuteil werden lassen.
In einem unbequemen Frack, mit steifem Kragen und weißer Krawatte stand der Komponist vor Franz Joseph I. Höchst verwirrt stammelte er einige sorgfältig vorbereitete Dankesworte.
Der Kaiser hörte freundlich zu. »Es war mir ein großes Vergnügen, mein lieber Doktor Bruckner«, sagte er, »ein großes Vergnügen, und wenn Sie noch irgend etwas auf dem Herzen haben, so sagen Sie es mir nur, vielleicht kann ich etwas für Sie tun.«
Dies war natürlich nur eine freundliche Geste, aber der alte Bruckner packte die Gelegenheit beim Schopfe. Ohne einen Augenblick zu zögern, bat er den Kaiser um

das einzige, was ihn mehr als alles andere bekümmerte. »Ja, Ihre Majestät, o bitte, könnten Sie nur einmal diesem schrecklichen Dr. Hanslick einen Wink geben – Sie wissen, dem Musikkritiker der ›Neuen Freien Presse‹ – und ihm sagen, er soll mich nicht immer so verreißen!«

Gustav Mahler trug einmal über den ganzen Wiener Hof den Sieg davon. Als Direktor der Kaiserlichen Oper wurde er vertraulich gebeten, eine gewisse Sängerin zu engagieren, an deren zukünftiger Karriere ein Habsburger Erzherzog höchst interessiert war. Mahler hörte sich die Dame an und antwortete dann dem Prinzen Montenuovo, dem Hofkämmerer, daß es ihm aus künstlerischen Gründen unmöglich sei, das Engagement auszusprechen.
Montenuovo versuchte es nochmals; diesmal appellierte er an Mahler als einem Mann von Welt und fügte hinzu, daß Seine Majestät der Kaiser selbst über die delikate Affäre Bescheid wisse und zu einem Engagement seine Zustimmung gegeben habe. »Prinz Montenuovo«, sagte Mahler, »ich bin ein Diener Seiner Majestät, und wenn Seine Majestät mir befiehlt, werde ich gehorchen müssen.«
Der Hofkämmerer erstattete dem Kaiser Bericht. Franz Joseph lächelte, sah gütig über seine Brillengläser hinweg und sagte: »Kommen Sie. Kommen Sie, Montenuovo, ich werde so etwas selbstverständlich nie befehlen.« Und die junge Dame passierte nie die Bühnentür der Oper.

Elegantemente

In der Familie *Schumann* war immer Clara die gefeierte, weltberühmte Virtuosin, verwöhnt und verehrt von jedermann, und Robert war nur ihr Ehemann, ein unvermeidliches Anhängsel.
Nach einer glänzenden Soiree im Haus des Prinzen Friedrich von Hohenzollern wurde das Paar dem königlichen Gastgeber vorgestellt, der sich auf sein musikalisches Talent und seinen Musikverstand etwas einbildete. Er überschüttete Clara mit den schmeichelhaftesten Komplimenten und versicherte ihr immer wieder, wie wundervoll sie gespielt habe. Dann, nur um ihr einen Gefallen zu tun, wandte er sich an Robert: »Nun, und Sie, was ist mit Ihnen? Sind Sie auch musikalisch?«
Schumann errötete, gab aber bescheiden eine bejahende Antwort. »Ach wirklich?« sagte der Prinz, »und welches Instrument spielen Sie, wenn ich fragen darf?«

Eines Abends spielte *Jascha Heifetz* in der Queen's Hall in London. Es war eine der Galavorstellungen der Vorkriegszeit, das Haus war überfüllt, und König Georg VI. saß mit Königin Elisabeth in der Königsloge. Am Ende des ersten Teiles verbeugte sich Heifetz tief vor den Majestäten, die Königin lächelte ihm huldvoll zu, und Heifetz lächelte stolz zurück.
Am nächsten Morgen traf ein Bote des Buckingham Palace in Heifetz' Hotel ein und brachte ihm die Nachricht, daß Seine Majestät ihn zu sehen wünsche. Heifetz war einen Augenblick starr vor Schreck; dann nahm er sich zusammen und sagte: »Ich komme gerne, aber glauben Sie mir, sie hat als erste gelächelt.«

Im November 1936 besuchten *Sir Thomas Beecham* und das Londoner Symphonieorchester Deutschland. Es war in den Tagen, als die Nazis (um schließlich noch die Zwerge zu erwähnen) England den Hof machten und verzweifelt versuchten, ihm mit ihrem Charme und ihrer Gastfreundlichkeit zu imponieren.
Das Eröffnungskonzert der Tournee fand in Berlin statt, und Goebbels hatte selbstverständlich alles aufs vollkommenste arrangiert; der Führer war mit allen seinen Ministern, Generälen, Diplomaten und Unterführern eingetroffen, und das Dritte Reich entfaltete stolz seinen ganzen Pappmaché-Zauber.
Unnötig zu sagen, daß jede Radiostation den Auftrag hatte, das Konzert von Anfang bis Ende zu übertragen – und so geschah es, daß nach dem Vortrag der »Enigma«-Variationen von Elgar und nach dem ganzen ohrenbetäubenden Beifall der illustren Gesellschaft ungezählte Hörer (soweit sie Englisch verstanden) die Worte vernehmen konnte, die Beecham dem Orchester zuflüsterte und die das Mikrophon wunderschön übertrug: »Na, Jungs, dem alten Kerl scheint's zu gefallen!«
Nach dem Konzert empfing Hitler Sir Thomas und beglückwünschte ihn (glücklicherweise in Unkenntnis des Radiozwischenfalls) zu der hervorragenden Aufführung. »Es wäre mir eine große Freude gewesen, an den Krönungsfeierlichkeiten in London teilzunehmen – aber Sie verstehen, Sir Thomas, mein Besuch würde dem englischen Volk gewisse Unannehmlichkeiten bereiten ...«
»In keiner Weise, in keiner Weise, mein Herr«, erwiderte Beecham in seiner jovialsten Art, »es entstünde

für uns nicht die geringste Unannehmlichkeit. Wissen Sie, wir in England lassen jeden ganz das tun, was er will ...«

Bei der Ankunft in 39 verschiedenen Städten wurde Beecham und das Orchester 39mal willkommen geheißen von 39 Gauleitern, Bürgermeistern oder Sturmbannführern auf 39 Bahnhöfen.

Jedesmal hielt Beecham nach dem Willkommensgruß eine äußerst passende Rede (im ganzen 39mal), und jedesmal antwortete der höchste anwesende Naziwürdenträger mit genau der gleichen, wohlüberlegten und einstudierten Ansprache.

»Welche Organisation!« bemerkte Sir Thomas. »Bedarf es mehr Beweise für die eindeutige Überlegenheit des teutonischen Geistes?«

Eines der Ergebnisse der philharmonischen Tournee war Hitlers vollkommen verrückte Idee, dem König Eduard VIII. als Krönungsgeschenk eine grandiose, völlig neue Inszenierung von Wagners »Lohengrin« zu präsentieren, die während der Krönungsfeierlichkeiten im Covent Garden aufgeführt werden sollte.

Von Ribbentrop wurde beauftragt, Seine Majestät von der Absicht des Führers in Kenntnis zu setzen. Der König war etwas verlegen. Natürlich, bemerkte er, wisse er Herrn Hitlers Großzügigkeit wohl zu würdigen. »Aber ich hoffe«, fügte er im Nachhinein an, »niemand wird erwarten, daß ich hingehe und mir das Stück ansehe. Opern langweilen mich nämlich zu Tode.«

Mißerfolge und Durchfälle aller Arten

Die Szenen, die sich bei der Erstaufführung von *Brahms' Requiem* ereigneten, das Zischen, Buh-Rufen und Pfeifen der bösartigen Dummköpfe aus dem Publikum, bezeichnete Hanslick in seiner Kritik als »das Requiem für die guten Manieren des Wiener Publikums«. Ein Jahr darauf wurde Brahms glänzend gerechtfertigt durch eine Aufführung im Bremer Dom: herrlich gesungen, machte das Requiem einen tiefen und bleibenden Eindruck auf seine Hörer, und damit begann seine glanzvolle und nie wieder unterbrochene Karriere.

Bei Verdis *Traviata* war der Fall komplizierter. Diese Oper fiel durch wegen ihrer schlechten Besetzung und – auch wenn dies heute nur schwer zu verstehen ist – weil sie gewagt, neu und ultramodern war für ihre Zeit. Das Publikum war nicht gewöhnt daran, Menschen im zeitgenössischen Kostüm auf der Opernbühne zu sehen; man war abgestoßen von der Intimität der Vorgänge und sah zudem eine höchst unglücklich gewählte Sängerschar vor sich.
Die Primadonna, welche eine schöne, schwindsüchtige Halbweltdame verkörpern sollte, war fett, häßlich und strotzte vor Gesundheit; so erregte sie insbesondere in der Todesszene des letzten Aktes nichts als durchaus be-

greifliche Heiterkeit. Der Tenor war heiser und somit kaum in der Lage, den Wohlklang der Melodien auf die rechte Weise zur Geltung zu bringen; und der Bariton, verärgert über seine kleine Rolle, ließ klar erkennen, daß er an den Vorgängen auf der Bühne völlig desinteressiert war.

Die Presse stellte sich auf die Seite des Komponisten. Die Kritiker weigerten sich, ein Urteil zu fällen, ehe sie das Werk nicht in einer angemessenen Darbietung gesehen hätten, und bezeichneten die Musik als »voller Schönheit, würdig der triumphalen Zeiten eines Rossini«.

Verdi nahm dies alles, ungerührt und abwartend, mit seiner üblichen philosophischen Ruhe auf. »Nun ja«, sagte er, »es war ein Durchfall. Aber lag dies an mir oder den Sängern? Ich weiß es nicht. Die Zeit wird darüber entscheiden.«

Die größten Katastrophen waren die Opernpremieren von drei der populärsten und dauerhaftesten Meisterwerke auf diesem Gebiet: Rossinis *Barbier,* Bizets *Carmen* und Puccinis *Butterfly.*

Die Direktion des *Teatro Argentina* in Rom hatte Rossini beauftragt, den *Barbier von Sevilla* für den Karneval des Jahres 1816 zu schreiben, und ihm somit ganze drei Wochen für die Komposition und das Orchestrieren des Werkes vergönnt. Er berief daher Sterbini als Librettisten und einige ihm ergebene tüchtige Kopisten in sein Haus, und man machte sich ans Werk. In dem einen Zimmer saß Sterbini über den Versen, im nächsten dann Rossini am Klavier, die Kopisten arbeiteten im

dritten Zimmer, und ein Stockwerk drüber probten bereits die Sänger.
Rossini wußte von vornherein, daß er niemals eine ganze Oper in der Kürze der Zeit würde komponieren können. Sein Problem war daher, aus früheren Kompositionen die passendsten Stücke auszuwählen und sie einzufügen in den Fluß des Ganzen. Also umgab er sich mit allen Partituren, die er je geschrieben, und begann. Aus *Sigismondo* (ein Jahr zuvor in Venedig durchgefallen) nahm er die Einleitung und die Verleumdungsarie; aus *Aureliano* benutzte er eine Chorstelle für die Cavatine des Grafen und eine andere Melodie für Rosinas *Io sono docile;* die Unwetter-Musik wurde aus *La Pietra del Paragone* herausgeschnitten, andere Nummern aus *Il Signor Bruschino* und *Egle ed Irene* – und weiter wurden ein paar lang vergessene Notenskizzen zutage gefördert, die glänzende Dienste leisteten.
In zwanzig Tagen war das Werk vollendet. Aus hundert verschiedenen Einzelkompositionen hatte Rossini eine neue, klangvolle und sprühende Partitur geschaffen. Nicht einmal verließ er in all der Zeit sein Haus, nahm sich kaum Zeit zum Essen und hatte zum Schluß einen wüsten schwarzen Bart. »Warum sind Sie denn nicht wenigstens zum Barbier gegangen?« meinte vorwurfsvoll der Sänger Zamboni, worauf Rossini lachend erwiderte: »Weil ich sonst nie mit dem *Barbier* fertig geworden wäre!«
Eine Nummer gab es indes in der Partitur, zu der er keine seiner alten Melodien verwendet hatte, eine Nummer, die ganz neu und eben original sein sollte: die Ouvertüre. Alles Können, allen Einfallsreichtum legte Rossini hinein, gab ihr spanisches Timbre und arbeitete

daran mit verbissenem Eifer. Er schrieb sie noch ein letztes Mal um, spielte sie voll Stolz allen im Hause vor, orchestrierte sie sodann und übergab sie den Kopisten – wonach man nie wieder etwas davon hörte.
Was wirklich geschah, wird nie geklärt werden, aber es besteht ein starker Verdacht, daß der Kopist, glücklich darüber, nun bald mit seiner Arbeit fertig zu sein, sich selig betrank und die kostbare Partitur der Ouvertüre in den Tiber warf . . .
Was auch immer gewesen sein mag, so war doch nun der Beginn der Generalprobe angesetzt – und keine Ouvertüre da. »Da bleibt nur eines«, meinte Rossini ungerührt, »wir werden die Ouvertüre von *Aureliano* nehmen müssen!«
»Aber um Himmels willen, Maestro«, jammerte Sterbini, »die haben Sie erst im vergangenen Jahr für *Elisabetta d'inghilterra* benutzt. Und zudem ist sie irgendwie verhext: wann immer Sie sie verwenden, geht dann alles schief!«
»Ich werde sie trotzdem nehmen, Sterbini«, gab Rossini zurück.
Und so geschah's, daß ein Musikstück, welches ohne großen Erfolg bereits zweimal für eine Oper verwendet worden war, zu der vielbewunderten und berühmten Ouvertüre des *Barbier von Sevilla* wurde.
Am Abend des 20. Februar 1816 warf sich Gioacchino Rossini in seinen brandneuen nußbraunen Frack mit den vergoldeten Knöpfen, neben 1200 Franken die einzige Entlohnung, die er von der Theaterdirekton für seine Arbeit erhalten hatte, begab sich zum Theater und damit geraden Weges zu einem spektakulären Mißerfolg.

Freunde und Anhänger von Paisiello, einem neapolitanischen Komponisten, der vierunddreißig Jahre zuvor ebenfalls einen *Barbier von Sevilla* geschrieben hatte, füllten Parkett und Ränge des *Teatro Argentina*, entschlossen, die neue Oper zu Fall zu bringen. Und sie ließen denn auch keine Minute ungenutzt vergehen.
Unruhe begann schon gleich anfangs, da der Graf seine Gitarre stimmte, das erste Zischen vernahm man bei der Serenade, laute Unterhaltung und Gelächter störte, solange Figaro sein *Largo al Factotum* sang, Buh-Rufe begrüßten das Figaro-Rosine-Duett, Miauen begleitete die Almaviva-Figaro-Szene, und beim ersten Finale war der Lärm zu einer solchen Stärke angewachsen, daß man Sänger und Orchester kaum noch vernahm. Der Höhepunkt war erreicht, als Basilio mitten in seiner Szene in die Versenkung fiel und eine schwarze Katze irgendwoher unter der Bühne auftauchte.
Am Klavier im Orchester sitzend, beobachtete Rossini den ganzen Aufruhr, als ginge er ihn nichts an. Zum Schluß der Vorstellung erhob er sich, verneigte sich leicht vor Sängern und Orchester und verließ das Theater.
Nach sechs Vorstellungen wurde die Oper abgesetzt. Nicht lange danach kam sie in Paris und London heraus, ohne sonderlich zu gefallen. Die Kritik fand sie lärmend und nicht melodiös. Rossini hatte sie längst aufgegeben, als ihn 1819 Nachrichten erreichten, daß der *Barbier* in Wien mit dem größten Erfolg gegeben werde; woraufhin sich, wie man hörte, einige italienische Operngesellschaften ebenfalls des Werkes annahmen. Deutschland, Frankreich, Rußland und England folgten, und sechs Jahre nach dem Desaster der Premiere war aus dem

Barbier die am meisten gespielte Oper der ganzen Welt geworden.
Wenn man die Geschichte erzählt, wie *Carmen* geschrieben und aufgeführt, wie ihre Premiere ausgepfiffen wurde, wie dies dem Komponisten das Herz brach und wie diese Oper von den Toten auferstand, um zu einer der Lieblingsopern der Welt zu werden, gerät man leicht in den Verdacht zu übertreiben, allzu sentimental oder dramatisch zu werden – nicht mehr jedoch, als das Leben selbst diese Ereignisse ablaufen ließ.
Bizet war siebenunddreißig Jahre alt und ungeachtet aller Lobreden und Voraussagen der Musikkenner noch immer ohne Erfolg in seinem Schaffen. Auch sein Schwiegervater Jacques Halévy, Komponist der *Jüdin,* hatte ihm zu seinen Lebzeiten trotz aller Mühen den Weg nicht genügend ebnen können. Diesem, seinem Onkel zuliebe, hat indes Ludovic Halévy, der damals in Paris erfolgreichste Librettist, Bizet wohl sein Textbuch angeboten, wenn es nicht überhaupt aus Familienzusammengehörigkeit heraus in Anbetracht seiner Kusine geschah, die ja mit Bizet verheiratet war. Oder wollte er nur den alten Kram irgendwie loswerden, über den ihm einer der Direktoren der Opéra-Comique als Begründung der Ablehnung erklärt hatte: »Diebe, Zigarettenmädchen und Zigeuner – unmöglich, mein lieber Halévy, die Hörer würden uns einfach davonlaufen!«
Die Proben wurden für den armen Bizet zu einer wahren Qual. Die Damen vom Chor – höchst einflußreich hinter der Szene der Opéra-Comique – weigerten sich, den schwierigen Zigaretten-Chor im ersten Akt zu lernen. Madame Galli-Marié, zur ersten Carmen ausersehen, gefiel ihr Auftrittslied nicht, und so zwang sie Bi-

zet, es dreizehnmal umzuschreiben, bis er zum Schluß einfach ein spanisches Volkslied nahm (das vor ihm schon Sebastián Yradier verwendet hatte, der Komponist der ewigwährenden ›La Paloma‹) und ihm Unsterblichkeit verlieh, als er daraus die berühmte ›Habanera‹ machte.

Die erste Version der Arie des Toreador wurde ebenfalls abgelehnt. »Sie wollen Kitsch – sollen sie ihn haben«, sagte Bizet und kritzelte in einem Zug jene unsterblichen *couplets* herunter, die seitdem wohl zu den bekanntesten der Welt zählen.

Die berühmte Premiere fand am 3. März 1875 statt. Was immer man auch darüber gesagt oder geschrieben haben mag, bleibt doch die Tatsache bestehen, daß es ein Reinfall war. Das Publikum, das seine netten kleinen Arien und Duette vermißte und von der grausamen Handlung wie von der ungewohnten Orchestrierung abgestoßen war, langweilte sich zunächst, um dann am Ende nur noch zu zischen und zu buhen.

Vincent d'Indy, damals ein eifriger Musikstudent von vierundzwanzig Jahren, entdeckte Bizet nach dem ersten Akt draußen vor der Oper auf der Rue Auber, worauf er ihn beglückwünschte zu der meisterlichen Musik. »Sie sind der erste«, meinte der Komponist trübsinnig, »und werden, fürchte ich, auch der letzte sein!«

Als alles vorüber war, gingen Bizet und Ludovic Halévy heim durch die warme Pariser Frühlingsnacht. Stumm schieden sie voneinander und erwarteten besorgt die Morgenzeitungen. Doch auch die jämmerlichste kleine Hoffnung, die ihnen nach der Katastrophe des vorhergehenden Abends verblieben sein mochte, wurde von der gehässigen, feindlich gesinnten Presse zunichte gemacht, die Bizet jegliches Talent absprach, ihm Mangel an Einfällen und Melodie vorwarf und seine Harmonien prätentiös nannte.

Le père Dupin, der seit Jahrzehnten als Habitué der Opéra-Comique keine Premiere versäumte, sagte am Tage darauf zu Halévy: »Es war ein Durchfall und wird keine zwanzig Vorstellungen überleben! Was sonst haben Sie denn erwartet? Das ist doch überhaupt kein Stück: ein Mann trifft eine Frau. Er liebt sie und sie ihn. Dann auf einmal liebt sie ihn nicht mehr – und daraufhin bringt er sie um! Und das nennen Sie ein Stück?«

Aber es gab auch hoffnungsvollere Zeichen. Saint-Saëns schrieb an Bizet: »Ich habe das Gefühl, Ihnen sagen zu müssen, daß ich Ihr Werk ausgezeichnet finde!« An der Opéra-Comique sprach man mit Bizet über die Möglichkeit einer künftigen Zusammenarbeit, die Wiener Oper interessierte sich für *Carmen*, aber nach siebenunddreißig Vorstellungen wurde die Oper abgesetzt.

Selbst in weniger aufregenden Zeiten war Bizet stets bedrückt und zu Melancholie geneigt gewesen; doch diese letzten Monate mit ihren übergroßen Anforderungen an seine Arbeitskraft, mit allen ihren Aufregungen und Enttäuschungen waren zuviel für seine zarte und nervöse Konstitution. Am 3. Juni, drei Monate nach jenem tragischen Premierenabend, starb er an einem Herzschlag.

Wieso und warum *Carmen* dann schließlich doch noch ihren Siegeszug antrat, ist schwer zu erklären. Weder können die Secco-Rezitative daran schuld sein, durch die Bizets Freund Ernest Guiraud den gesprochenen Dialog ersetzte, noch die unwesentlichen Änderungen für die Wiener Aufführung.

Eines Tages wurde *Carmen* zum Erfolg. Man spielte sie gleichzeitig in London, Wien, Mailand, Petersburg, Kopenhagen – und sogar in Paris.
Doch lange vorher schon war ein Klavierauszug der *Carmen* zufällig einem einsamen, kränklichen Musiker im fernen russischen Kamenka in die Hände gefallen. Mit wachsendem Staunen vertiefte er sich in das Werk. Man berichtete ihm von dem Pariser Reinfall, worauf er sagte: »Ich bin überzeugt, daß in zehn Jahren *Carmen* die populärste Oper der Welt sein wird.«
So sprach Pjotr Iljitsch Tschaikowsky.

Nie in seinen Leben war *Puccini* seines Erfolges so sicher wie nach der Generalprobe der *Madame Butterfly.* Der ungeheure Eindruck, den Handlung und Musik auf jeden – Bühnenarbeiter und Beleuchter inbegriffen – machten, überzeugte ihn davon, daß *Manon Lescaut, Bohème* und *Tosca* eine würdige Nachfolgerin gefunden hatten.
Doch unergründbar sind die Reaktionen eines Theaterpublikums, denn die Premiere der *Butterfly* erwies sich als der verheerendste Mißerfolg in Puccinis ganzem Leben – und der Abend des 17. Februar 1904 als das schwärzeste Datum in der Geschichte der Mailänder Scala.
Kaum war der Vorhang aufgegangen, als eine Clique von Neidern und übelgesinnten Freunden im Chor zu zischen und zu murren begann. Man gab sich nicht einmal Mühe, die Tatsache zu verschleiern, daß es sich um eine ganz persönlich gegen Giacomo Puccini gerichtete feindliche Demonstration handelte. Nach dem ersten

Akt trat der Maestro furchtlos und herausfordernd vor den Vorhang; doch wenn er gehofft hatte, damit dem Skandal ein Ende zu bereiten, so erreichte er leider bloß das Gegenteil, denn der Lärm verstärkte sich nur noch durch die Leute, die glaubten, den Spaß mitmachen zu müssen.

Hinter der Bühne sank Puccini in einen Stuhl, hörte sich noch eine Weile das Toben an und begann schließlich zu brüllen: »Immer los, ihr Biester! Lauter, lauter! Höhnt und spottet nur! Spuckt mich an, soviel ihr wollt. Ich weiß doch: ich bin im Recht und ihr seid Idioten! Es ist die größte Musik, die ich je geschrieben habe – und sie wird leben! Sie wird auferstehen, denn ich glaube an sie!«

Am nächsten Morgen zogen Puccini und seine Librettisten ihr Werk zurück, indem sie der Scala die beträchtliche Summe zurückerstatteten, die sie für das Aufführungsrecht erhalten hatten. Dann boten sie eine überarbeitete *Madame Butterfly* dem kleinen Teatro Communale in Brescia an, wo fern allen Intrigen und Kabalen am 28. Mai 1904 die Mailänder Katastrophe in einem Triumph sondergleichen wiedergutgemacht wurde.

Barbier von Sevilla, Carmen, Butterfly – man kann für all diese Durchfälle am Premierenabend immerhin Erklärungen finden: warum aber war der *Donauwalzer* von *Strauß* nicht sofort ein Erfolg, als er 1867 zum ersten Male in Wien gespielt wurde? Warum der Beifall lauwarm, der ihn grüßte?

Johann Strauß fragte nicht weiter danach. Für ihn war es einfach ein Walzer wie jeder andere. Melodie war

Enthusiast

ihm eine Selbstverständlichkeit. Musikalische Einfälle hatte er zu Dutzenden. Worauf er stolz war, war sein technisches Können, die Durchführung der Einfälle. Als ihn daher sein Bruder Josef, der das Fiasko miterlebte, mit den Worten zu trösten versuchte: »Mach dir nix draus, Schani, du wirst bald einen andern schreiben!« erwiderte er: »Freilich, Pepi. Mir geht's auch net um den Walzer. Mir tut's nur leid, daß dies verdammte Ding solch eine hübsche und sorgfältig ausgearbeitete Coda hat!«

Abenteuerlich erscheint der Bericht über die Schicksale eines Werkes von *Richard Wagner*, das er als aufstrebender Kapellmeister von 22 Jahren am Stadttheater von Magdeburg auf Bitten eines Freundes, Guido Theodor Apel, als Vorspiel für dessen Tragödie *Columbus* schrieb. Er komponierte diese Ouvertüre in einer einzigen Nacht und errang bald darauf bei der ersten Aufführung des Apelschen Dramas, die auch zugleich die letzte war, einen wahren Beifallssturm damit. Sein ganzes Honorar bestand in einem Siegelring, den ihm der dankbare (und reiche) Autor dedizierte.
Fünf Jahre später erreichte Wagner, auf der Flucht vor seinen Gläubigern, Paris und wandte sich geradewegs an Meyerbeer um Hilfe, der ihm eine Empfehlung an Habeneck, den bekannten Dirigenten, gab. Habeneck schien bereit, dem jungen Komponisten eine Chance zu geben, nur war die *Columbus*-Ouvertüre alles, was dieser als Orchesterstück anbieten konnte. Sie gefiel indes bei einer Probe so wenig, daß man umgehend davon Abstand nahm.

Doch Wagner war nicht leicht zu entmutigen. Ein Jahr darauf bot er das Werk einem zweitklassigen Pariser Dirigenten an, dessen Stärke Walzer und Quadrillen waren. Warum dieser Mann, Valentino mit Namen, zugriff, ist nicht recht erklärlich. Gefallen fand er nicht daran, denn bei den Proben bemerkte er unterm Gelächter seiner Musiker, daß er das Zeug einfach verrückt fände.

Während der Probe hatte ein einsamer Zuhörer auf einer der hinteren Reihen gesessen und kam danach auf Wagner zu. Es war Hector Berlioz. »Es ist ungemein schwierig«, sagte er mit einem Seufzer, »sich in Paris zu versuchen, Monsieur Wagner . . .«

Die Aufführung wurde ein Mißerfolg, die Hörer zeigten sich gelangweilt, und Wagner, angewidert und enttäuscht von Paris, sandte sein Werk – ausgerechnet! – an Louis Jullien, der eben in London mit seinen Promenaden-Konzerten Furore zu machen begann. Jullien schickte die Ouvertüre umgehend wieder zurück, doch das Päckchen traf ein, als Wagner gerade keinen Centime für die Einlösung des Portos hatte, worauf das Manuskript auf Lager genommen wurde.

Nahezu fünfzig Jahre lang hörte man nun nichts mehr von dieser Ouvertüre, und Wagner selbst gab sie für den Rest seines Lebens verloren.

Im Jahre 1889, sechs Jahre nach Wagners Tod, fand ein junger Musikstudent, André de Ternant, beim Durchwühlen der Bücherkarren am linken Seine-Ufer die Partitur und war sich im gleichen Augenblick klar über seine Herkunft und Wichtigkeit. Da aber auch er sich eben nicht im Besitze der vierzig Centimes sah, die der alte *bouquiniste* für das Manuskript verlangte, bat er dar-

um, es für ihn zurückzulegen: er würde am nächsten Tage kommen und den verlangten Preis bezahlen. Leider jedoch dauerte es eine Woche, bevor Ternant das Geld auftreiben konnte, und als er dann erschien, um seinen Fund einzulösen, wurde ihm mitgeteilt, daß inzwischen eine junge Engländerin sich dafür interessiert und die Noten gekauft habe.
Zu Beginn dieses Jahrhunderts tauchte die Originalpartitur dann in London auf. Sie wurde Henry Wood angeboten, der an derlei Ausgrabungen stets interessiert war und der Ouvertüre zum ersten Male zu einer würdigen Aufführung verhalf. Zwei Jahre später erschien sie dann auch im Druck – zweiundsiebzig Jahre nach ihrer Entstehung.

Grausamer und mitleidloser wurde wohl selten mit einem Komponisten umgesprungen als am Weihnachtsabend 1874 in einem engen Klassenzimmer des Moskauer Konservatoriums. Professor *Pjotr Iljitsch Tschaikowsky* spielte sein neues Klavierkonzert dem Professor Nicolai Rubinstein vor, Bruder des gefeierten Anton Rubinstein und selbst ein ausgezeichneter Pianist und Kenner auf jedem Gebiet der Musik. Sein Urteil hatte Gewicht in ganz Europa, und Tschaikowsky erhoffte sich von diesem ihm stets wohlgewogenen Kollegen aufmunternde Worte und vielleicht auch Hinweise auf kleinere Korrekturen für sein eben vollendetes Werk.
Er hoffte zudem, daß der Künstler es in eines seiner Konzertprogramme übernehmen möge, und fieberte daher während des Vorspielens auf das erste Wort aus dem Munde des einsam Lauschenden, der indes hartnäk-

kig schwieg. Nur unter Aufbietung all seiner Willenskraft brachte er sein Konzert zu Ende, stand auf und fragte angstvoll gespannt: »Nun?«
Rubinstein überlegte einen Moment und ließ dann mit grausamer und harter Deutlichkeit seine vernichtende Kritik wie die Hiebe einer Kosakenpeitsche auf Tschaikowsky niederprasseln. Das Konzert sei denkbar schlecht, unspielbar und musikalisch unbeholfen. Dies eine Thema habe er von dem gestohlen und ein zweites von einem andern, die Melodien seien banal und abgedroschen, die Komposition einfallslos, schlecht durchgeführt und ohne allen Wert. Das Ganze wäre besser niemals einem Menschen zu Gehör gebracht worden und solle auf der Stelle zerrissen werden.
Wortlos ließ Tschaikowsky dies alles über sich ergehen, nahm schweigend sein Manuskript unter den Arm und ging aus dem Raum. Durch die verlassenen Korridore gelangte er zu seinem kleinen Privatzimmer. Dort erst brach er zusammen und weinte wie ein Kind.
Da öffnete sich die Tür, und Rubinstein trat ein. »Pjotr«, sagte er, »ich komme nicht etwa, weil ich meine Meinung geändert oder gemerkt hätte, welchen Kummer, welche Enttäuschung ich dir bereitet habe. Ich hätte dich belügen können, lauwarme Komplimente machen, jedoch ich kann nicht gegen meine innerste Überzeugung handeln. Und eben weil wir Freunde sind, mußte ich dir die Wahrheit sagen: dein Konzert ist unmöglich. Doch wenn du es ändern würdest, gewisse Passagen ganz streichen und einige Umarbeitungen daran vornehmen willst, so bin ich gern bereit, es öffentlich zu spielen.«
Tschaikowsky blickte Rubinstein an, auf einmal wieder ruhig und vollkommen gefaßt. »Ich danke dir für dein

Anerbieten, Nicolai«, begann er, »ebenso wie für deine Offenheit. Du hast deine eigene künstlerische Überzeugung, und ich bin gewiß, daß du auch die meine respektieren wirst. Denn hiermit erkläre ich dir feierlich, daß ich an meinem Konzert nicht eine einzige Note ändern werde. Nichts daran wird umgearbeitet, noch irgendwelche Passagen gestrichen. Es wird genau so gedruckt und gespielt werden, wie ich es geschrieben habe!«
Damit trat er an den Tisch, öffnete das Manuskript und strich mit kräftigem und hartem Druck die Widmung an Nicolai Rubinstein durch.
Bald danach widmete er das Konzert Hans von Bülow und sandte es dem hervorragenden Pianisten und Dirigenten. Bülow antwortete, daß er sich hoch geehrt fühle durch die Widmung eines so herrlichen Werkes der Kunst, es sei edel, gewaltig, reif und hinreißend in jeglicher Beziehung. Am 25. Oktober 1875 spielte er es dann zum ersten Male vor der Öffentlichkeit in Boston, und der Erfolg war überwältigend. London, Paris, Berlin und Wien folgten in Kürze, und 1878 konnte man es auch zum ersten Male in Moskau von Nicolai Rubinstein hören, der seinen Irrtum gern eingestand.

Als *Hector Berlioz* 1869 starb, genossen seine Werke keinerlei Schutzbestimmungen, so daß sie von jedermann nachgedruckt und gespielt werden konnten. Einzig der Musikverlag, der das Manuskript seiner großen Oper *Les Troyens* besaß, verstand es, sich auch fernerhin alle Einnahmen zu sichern, indem er das Werk einfach nicht herausgab. Wer immer sich dafür – im Ganzen oder in Teilen – interessierte, erhielt das Manuskript nur gegen eine eidliche Zusicherung geliehen, daß er es weder selbst abschreiben noch abschreiben lassen werde und daß es unverzüglich nach jeder Aufführung zurückzugeben sei. Auf diese Weise sicherten sich die Inhaber des Werkes die laufenden Gewinne, erschwerten indes naturgemäß das Bekanntwerden der meisterlichen Musik beträchtlich.

Dieser Zustand hatte bereits bis in das Jahr 1914 hinein gedauert, als drei junge englische Berlioz-Enthusiasten, die sich schon durch musikgeschichtliche Werke und eigene Kompositionen einen Namen gemacht hatten, gegen das Monopol des Pariser Verlegers anzugehen beschlossen.

Zunächst einmal lag das kostbare Manuskript wohlverwahrt und bewacht im Panzerschrank in Paris. Dorthin begab sich Cecil Gray, der unternehmendste der drei Verschwörer, um zu erkunden, ob es nicht etwa doch einen anständigen und ehrlichen Weg geben könne, die Schatzhüter unter Anrufung ihres künstlerischen Gewissens mit dem Hinweis auf ihre Verantwortung der Welt gegenüber zur Herausgabe zu bewegen. Aber auch die vernünftigsten Zusicherungen künftiger Gewinne konnten den Starrsinn des Verlegers nicht erweichen.

Allein rohe Gewalt konnte demnach helfen: man mußte einbrechen, den Panzerschrank knacken und das Manuskript stehlen. Und weil er von diesem rauhen Handwerk nichts verstand, suchte Gray Hilfe bei der so viel gerühmten Pariser Unterwelt. Es gelang ihm auch, die Bekanntschaft zweier Individuen zu machen, denen er Ziel und Zweck des Unternehmens auseinandersetzte und sich alsdann taktvoll nach ihrem Preis erkundigte.

Die beiden Professionellen betrachteten das Unterneh-

men mit äußerstem Mißtrauen, bezweifelten eine erfolgreiche Durchführung und forderten daher ein exorbitantes »Honorar«, das die drei Berlioz-Verehrer auch mit Hilfe etwaiger Freunde nicht hätten zusammenbringen können.
Und da gerade in diesen Tagen ein fanatischer serbischer Student in Serajewo den österreichischen Thronfolger erschossen hatte und Europa und die ganze Welt in ein Chaos gestürzt wurde, verlor der an sich löbliche Plan der drei jungen Musikfanatiker an Wichtigkeit und mußte auf spätere günstigere Zeiten verschoben werden.

Die *Société Musicale Indépendante,* eine junge, fortschrittlich eingestellte Konzertgesellschaft in Paris, hatte eines Tages einen seltsamen Einfall: man arrangierte ein Konzert mit neuen Werken, ohne die Namen der Komponisten zu nennen. Darunter befanden sich beispielshalber *Ravels Valses nobles et sentimentales.*
Da dies sicherlich sehr interessante Experiment nie mehr wiederholt worden ist, muß man wohl schließen, daß es kein überwältigender Erfolg war. Das Publikum sollte nämlich den Verfasser erraten. Man nannte Schubert, Kodály, Fauré, aber niemand verfiel auf Ravel; und die Kritiker, die sich sonst vor Begeisterung nicht zu fassen wußten, wenn sie nur seinen Namen hörten, taten das reizende Werk mit einigen geringschätzigen Bemerkungen ab.
Wie gesagt: das Experiment war nicht sonderlich geglückt.

Fritz Kreislers Vorliebe für Schabernack hat ihn in mancherlei Schwierigkeiten gebracht, ja einmal wäre er sogar beinah in Amsterdam im Gefängnis gelandet. Er hatte soeben eine Probe im *Concertgebouw* hinter sich und schlenderte durch die Gassen der Stadt, als ihm das Schild eines Pfandleihers in die Augen fiel. Aus purem Spaß trat er dort ein, öffnete seinen Geigenkasten und hielt dem Alten hinterm Ladentisch seine kostbare Guarneri-Geige mit der Frage entgegen, ob er sie vielleicht kaufen würde.
Der Mann warf einen Blick auf das Instrument, sagte »einen Augenblick bitte«, ging in sein Hinterzimmer und kam gleich darauf wieder zurück. Drei Minuten lang drehte er dann die Geige, angeblich unschlüssig, in den Händen herum, als die Ladentür aufgerissen wurde und zwei Polizisten hereinkamen. »Verhaften Sie den Mann«, rief ihnen der Pfandleiher zu, »er hat Fritz Kreislers Guarneri gestohlen!«
Kreisler brach in ein herzliches Gelächter aus. »Gut, ausgezeichnet«, rief er. »Sie sind wahrhaft ein Kenner, denn ich bin Kreisler, und das ist meine Geige!«
»Ach – wirklich?« spottete einer der Polizisten. »Ich weiß leider aber zufällig, daß Herr Kreisler im Augenblick gerade im *Concertgebouw* Probe hat.«
»Nein!« protestierte Kreisler. »Die Probe ist schon zu Ende. Ich bin nur eben noch ein wenig herumspaziert und da ... nun ja ...«
Der Pfandleiher nahm Bogen und Instrument aus dem Geigenkasten und drückte beides dem Verdächtigen in die Hand. »Schön«, sagte er streng, »wenn Sie Fritz Kreisler sind, dann spielen Sie!«
Kreisler setzte seine Guarneri unters Kinn und begann

mit unnachahmlicher Anmut und Könnerschaft die ersten Takte des Mendelssohnkonzertes. »Danke«, sagte der Musikkenner aus dem Pfandlädchen, »und ich bitte vielmals um Verzeihung. Sie sind kein anderer als Kreisler!«
Danach soll Kreisler etwas vorsichtiger gewesen sein mit seinen Scherzen – wenigstens eine Weile.

Auf der Höhe seines europäischen Ruhmes traf *Igor Strawinsky* in Barcelona ein, um ein Konzert eigener Werke zu dirigieren. Auf dem Bahnhof wurde er von einer Schar von Bewunderern begrüßt, unter denen sich ein junger Journalist ganz besondere Mühe zu geben versuchte, dem Künstler Artigkeiten zu sagen. »Wenn Sie nur wüßten, Maestro, wie bekannt Sie in Spanien sind und wie sehr wir alle Ihre Musik bewundern! Es gibt wirklich nichts, was so populär wäre wie Ihre ›Scheherezade‹ und die ›Polowetzer Tänze‹!«
Strawinsky war unmerklich zusammengezuckt, faßte sich indes gleich wieder. Er brachte es nicht übers Herz, noch hatte er genügend Zeit, den jungen Mann aufzuklären.

Die Wurzel alles Übels

Not und Armut – Reichtum und Überfluß

Die Musik hält sie alle in ihrem Bann, die Reichen und die Armen, die Glücklichen mit der Midas-Hand und die Elenden, die ihr Leben lang schwitzen und sich plagen und in der Gosse enden.
Palestrina, Lully, Händel, Gluck, Haydn, Rossini, Wagner, Brahms, Massenet, Verdi, Puccini und Strauss waren wohlhabend, ja reich. Bach, Beethoven, Weber, Berlioz, Tschaikowsky, de Falla, Bartók waren arm und notleidend; ihr Durchschnittseinkommen war das eines niedrigen Amtsdieners. Schubert und Mozart nagten am Hungertuch.
Von den 600 Werken, die Mozart schrieb, wurden zu seinen Lebzeiten nur 70 verlegt. Für die vollständige Partitur des »Figaro« erhielt er insgesamt 450 Gulden, während Gluck für seine »Iphigenie auf Tauris« die enorme Summe von 16 000 Livres bekam.
Als der große Thomas Tallis, Organist der Waltham Abbey, pensioniert wurde, erhielt er ein Gehalt von 20 Shilling und als einmaliges Geschenk 20 Shilling extra.
Händel hinterließ (abgesehen von Hausbesitz und einer wertvollen Kunstsammlung, die unter anderen Schätzen zwei Gemälde von Rembrandt enthielt) ein Vermögen von 25 000 Pfund. Bachs Witwe lebte von öffentlichen Almosen und starb im Armenhaus. Schubert verdiente in seinem ganzen Leben mit seinem gigantischen Werk

8000 Gulden, Brahms' Vermögen betrug 20 000 Pfund. Verdi schrieb seine »Aida« auf Einladung des Khediven von Ägypten zur Einweihungsfeier des Suezkanals. Der Monarch belohnte ihn mit einer Summe von 150 000 Franc. Bei seinem Tode betrug das Gesamtvermögen des Komponisten 7 000 000 Lire.

Weber verkaufte seinem Verleger ein Klavierkonzert, eine Symphonie und sechs Sonaten für 120 Gulden. Dvořák erhielt für seine Kantate »Die Geisterbraut« einen Vorschuß von 2000 Pfund. (Einmal schrieb er seinen Londoner Verlegern, er habe in der Zeitung gelesen, daß sie Gounod für ein Oratorium 1 000 000 Franc bezahlt hätten. »Zahlen Sie ihm nicht so riesige Summen – er braucht es nicht, und was bleibt für mich übrig?«) Rachmaninoff verkaufte sein berühmtes »Prélude in cis-Moll« für zwanzig Pfund. Richard Strauss bekam für seine »Symphonia domestica« 10 000 Dollar. Johann Strauß verkaufte die Rechte seiner »Blauen Donau« an seinen Verleger Spina für 15 Pfund. Irving Berlin verdiente mit seinem Film »Top Hat« 300 000 Dollar an Tantiemen.

Bach, Mozart und Beethoven waren großartige und berühmte Virtuosen, aber sie erwarben sich kein Vermögen mit ihrer Meisterschaft. Andere Komponisten verlangten oft beträchtliche Honorare als Virtuosen, Dirigenten oder sogar als Lehrer (wie Rimski-Korssakoff und Schönberg).

Anton Rubinstein verdiente auf einer einzigen Amerikatournee 40 000 Dollar. Als ihm für ein zweites Gastspiel dreimal soviel geboten wurde, lehnte er ab, weil er (obgleich Komponist einer berühmten Ozeanischen Symphonie) das Meer lieber anschaute, als auf ihm fuhr.

Paganini hinterließ 80 000 Pfund, Johann Strauß erhielt als Dirigent von 15 Konzerten in Boston 100 000 Dollar. Paderewski verdiente einmal auf einer dreimonatigen Tornee durch die Vereinigten Staaten 250 000 Dollar. Und an einem einzigen Tag im Jahre 1902, an dem seine Oper »Manru« in der Metropolitan Opera, New York, aufgeführt wurde, während er zwei Konzerte in der Carnegie Hall gab, soll er um die 25 000 Dollar verdient haben. Sein gesamtes Lebenseinkommen wurde auf 10 000 000 Dollar geschätzt.

Liszt, Mendelssohn, Chopin, Saint-Saëns, Mahler, Ravel, Rachmaninoff, Strawinsky, d'Albert, Busoni und Strauss waren hochbezahlte Dirigenten oder Pianisten oder beides. Berlioz, Débussy und Wolf waren Musikkritiker; Borodin war Wissenschaftler, Milhaud Berufsdiplomat, und Sibelius (wie auch Grieg, der den gleichen Vorzug genoß) hatte vielleicht von allen das größte Glück, da er mehr als fünfzig Jahre lang eine feste staatliche Unterstützung erhielt.

Als Rossini nach London kam, nutzte er seine Beliebtheit weidlich aus. Zusammen mit seiner Frau wurde er zu allen vornehmen musikalischen Gesellschaftsfeiern der Stadt eingeladen. Er trug ein oder zwei Lieder vor und erhielt für einen einzigen Auftritt oft bis zu 300 Pfund.

Dies erinnert an eine berühmte Fritz-Kreisler-Anekdote. Eine bekannte Erbin aus Chicago lud ihn einmal zu einer musikalischen Soiree ein. »Und wieviel verlangen Sie, Herr Kreisler?« erkundigte sich die Dame nicht gerade taktvoll. »3000 Dollar«, antwortete Kreisler wie aus der Pistole geschossen.

»Geht vollkommen in Ordnung, Herr Kreisler«, fuhr

die Dame fort, »Aber es versteht sich natürlich, daß Sie davon Abstand nehmen, sich unter meine Gäste zu mischen.«

»In diesem Fall, gnädige Frau«, erwiderte Kreisler gelassen, »beträgt das Honorar nur 2000 Dollar.«

All die Jahrhunderte hindurch haben die großen Sänger fantastische Gagen verlangt und bekommen. Von der berühmten Faustina, der Freundin Händels und Bachs und Ehefrau des Komponisten Hasse, hören wir, daß sie für ihre Londoner Spielzeit im Jahre 1726 das beispiellose Honorar von 2000 Pfund erhalten habe, und von Farinelli wissen wir, daß er diese Summe acht Jahre später vervierfacht hat. London hat den Sängern zu allen Zeiten Spitzengagen gezahlt. In der ersten Hälfte des 19. Jahrhunderts verdiente Catalani in einer Saison 16 000 Pfund, Pasta in drei Monaten 3700 Pfund, Malibran 5000 für die gleiche Zeit.

Als der große Barnum Jenny Lind nach Amerika holte, zahlte er ihr die unerhörte Gage von 1000 Dollar für jeden Auftritt; aber nur eine Generation später wurde die Summe von Adelina Patti verfünffacht.

Die Patti zierte die Opern- und Konzertbühne 56 Jahre lang. Von ihrem Debut als »Little Miss Patti« an der Astor Place Opera in New York im Jahre 1850 bis zu ihrem Abschiedskonzert in der Royal Albert Hall in London Anno 1906 war die Patti die absolute, unbestrittene Königin des Gesangs. Ihre Gagen erreichten unglaubliche, märchenhafte Höhen. Ihr gewöhnliches Honorar für ein Konzert waren 1000 Pfund, »zu zahlen um zwei Uhr mittags am Tag des Auftritts«. In Buenos Aires erhielt sie während eines kurzen Gastspiels von 24 Aufführungen für jeden Auftritt 1600 Pfund. In

Signorina . . .
. . . dankt für
den Beifall

der Spielzeit von 1888/89 verdiente sie in 18 Monaten 100 000 Pfund.
Als sie einmal für eine vierwöchige Tournee durch die Vereinigten Staaten 100 000 Dollar verlangte, rief der Manager in höchster Verzweiflung aus: »Aber Miß Patti, nicht einmal der Präsident der Vereinigten Staaten verdient so viel Geld!«
»Nun«, erwiderte Adelina ruhig, »warum engagieren Sie dann nicht ihn?«
Auber hörte sie 1862. »Sie ist zauberhaft, wirklich zauberhaft«, bemerkte der alte Mann. »Ich fühlte mich während der Aufführung wie zwanzig, und das sind genau sechzig Jahre weniger als die Wirklichkeit!«
Auf ihren Amerikatourneen reiste sie in einem privaten Eisenbahnwaggon, der 60 000 Dollar gekostet hatte. Seine Wände waren mit kostbaren Tapeten, sein Boden mit erlesenen Perserteppichen geschmückt. Weltberühmte Gemälde und prunkvolle Möbel, darunter ein Klavier in Weiß und Gold, vervollständigten die fürstliche Ausstattung.
Die Melba verstand es ebenfalls, viel Geld zu machen und ihre Honorare hochzuschrauben. Viele Jahre lang lehnte sie alle Angebote des New Yorker Impresario Oscar Hammerstein ab, in seiner Manhattan Oper aufzutreten, und Hammerstein konnte nicht herausfinden, ob sie wirklich nicht wollte oder ob dies nur eines ihrer geschickten Manöver war, um ihre Gagen zu erhöhen. Eines Tages erschien er in der Pariser Hotelflucht der Diva.
»Sehen Sie, Miß Melba«, sagte er, »ich muß Sie haben! Hier ist der Vertrag und hier dic Garantiesumme.« Und mit diesen Worten legte er 25 neue 1000-Dollar-Scheine

auf den Tisch. »Nehmen Sie es oder lassen sie es, Miß Melba. Guten Tag!« Und Miß Melba nahm es.

Als die große amerikanische Sopranistin Emma Abbott im Jahre 1891, erst 41jährig, starb, hinterließ sie ein Vermögen von 2 000 000 Dollar. Die Galli-Curci erhielt 1918 für ihre New Yorker Spielzeit 168 000 Dollar, und Schaljapin bekam für jeden seiner Auftritte an der Metropolitan Opera 3000 Dollar.

Nach Carusos Tod betrachteten sich *Gigli* und *Lauri-Volpi* beide als seine rechtmäßigen Erben und begannen, ihre Gagen gegenseitig zu überbieten. Die Rivalität erreichte ihren Höhepunkt, als die Metropolitan Opera eines Tages Volpis abgelaufenen Vertrag erneuern wollte.

»Ich bin entschlossen«, erklärte der große Tenor, »nur zu singen, wenn mein Honorar höher ist als das des Herrn Gigli!« Die Intendanz war in einer Zwickmühle. Gigli erhielt für jeden Auftritt 1500 Dollar; wenn er herausfand, daß Volpis Gage höher wäre, würde er natürlich sofort auch eine Erhöhung verlangen, worauf dann Volpi wiederum mehr fordern würde.

Schließlich kam irgend jemandem eine einfache Idee: Wäre Signor Volpi mit einer Erhöhung von – nun – von zehn Cent zufrieden? Volpi verstand und erklärte vergnügt, daß eine allabendliche Gage von 1500,10 Dollar durchaus seinen Forderungen genüge, und so wurde an Ort und Stelle ein langfristiger Vertrag unterzeichnet.

Die Geschichten von Reichtum und Armut der großen Musiker bilden eine bunte Reihe. Sie reichen von Palestrina bis Jerome Kern, von angehäuften Reichtümern bis zur Armengruft.

Die mysteriöse Gestalt des *Giovanni Pierluigi da Palestrina,* in geheimnisvolles Dunkel gehüllt, wird noch rätselhafter, wenn wir versuchen, sein Verhältnis zum Geld und zum Wert des Geldes aufzudecken. Daß er in seinem Leben 94 Messen, 500 Motetten, 40 Hymnen, 65 Offertorien, 35 Magnificate, 30 Psalmen und Litaneien, 160 Madrigale und 150 andere Kompositionen geschaffen hat, ist ein Wunder für sich. Daß er jedoch trotz seiner Beschäftigung mit der Musik noch die Zeit gehabt haben soll, sich einem blühenden Grundstückshandel, einem Pelzgeschäft und einer Weinhandlung zu widmen, scheint jenseits unseres Fassungsvermögens zu liegen. Und doch liebte der vergeistigtste und weltfremdeste aller Komponisten das Geld und hatte sein Vergnügen daran, es anzuhäufen und zu vermehren.

Im Alter von 23 Jahren heiratete er Lucrezia Gori, eine wohlhabende junge Dame, die eine schöne Mitgift in die Ehe brachte: ein Haus, Wiesen, Weinberge, Bargeld und (im Heiratsvertrag ausdrücklich erwähnt) einen kastanienbraunen Esel. Mit so wertvollem Besitz überhäuft, beschloß der Meister schnell, diesen nutzbar zu machen. Er begann, Wein zu keltern und in großen Mengen zu verkaufen; er verkaufte sein Haus mit beträchtlichem Gewinn, kaufte ein anderes, verkaufte es wieder, und bald besaß er vier Häuser. Als nach 33jähriger glücklicher Ehe seine Frau starb, war Palestrina so tieftraurig, daß er beschloß, sich aus dieser sündigen Welt zurückzuziehen und Priester zu werden.

Aber etwa sechs Monate später und glücklicherweise, bevor er diesen schicksalhaften Schritt tun konnte, traf er die Signora Virginia Dormuli, eine dralle Vierzigerin und Witwe eines wohlhabenden Kürschners. Er vergaß alle seine Absichten auf ein keusches, frommes Leben, heiratete sie und kam so in den Besitz eines Pelzgeschäftes, welches das Monopol für die Pelzversorgung des päpstlichen Hofes innehatte; dazu kam das beträchtliche Vermögen von 15 000 Scudi und selbstverständlich der übliche Grundbesitz. Palestrina (der nichts von Pelzen verstand) machte auf der Stelle Signor Dormulis Vorarbeiter Gagliardi, einen hervorragenden Pelzfachmann, zu seinem Partner und behielt sich den Posten des Direktors der Firma Dormuli-Pierluigi und Gagliardi vor.
Tag um Tag, bis zu seinem Tod, kaufte und verkaufte Palestrina zufrieden Wein und Pelze und komponierte Musik von außergewöhnlich feinsinniger Schönheit. Und nie war das Bild des armen Musikers, das einige seiner Biographien zu zeichnen versuchten, weniger mit den Tatsachen im Einklang als im Falle Palestrinas.

Beethovens finanzielle Angelegenheiten waren undurchsichtig und verworren. Er unterstrich und übertrieb seine Armut oft, und man weiß manchmal nicht, ob er meinte, was er sagte, oder ob er nur Mitleid erregen wollte.
Als er einige Tage nicht im »Schwan« gewesen war, fragte ihn Louis Spohr: »Was war mit Ihnen los, Meister. Ich hoffe, Sie waren nicht krank?«
»Nein, ich nicht«, sagte Beethoven verdrießlich, »aber

meine Stiefel – und da ich nur ein Paar besitze, hatte ich Hausarrest!«
Der König von Preußen wollte sich für die Widmung der Neunten Symphonie erkenntlich zeigen und überließ es Beethoven, zwischen 50 Dukaten Bargeld oder einem hohen Orden zu wählen. »Geben Sie mir das Geld«, sagte Beethoven ohne Zögern zum Botschafter Seiner Majestät.

Muzio Clementi, der berühmte Komponist, der mächtige Musikverleger und Pianofabrikant, fuhr von London nach Wien, um mit »diesem eingebildeten Schönling Beethoven« geschäftlich zu verhandeln und die englischen Verlagsrechte von einigen Kompositionen des Meisters zu erwerben.
Nach hartem, langem Handeln gelang es ihm schließlich, Beethoven die Vierte Symphonie, die »Coriolan«-Ouvertüre, das Violinkonzert und drei Streichquartette abzukaufen. Für all diese Werke bezahlte Clementi die Summe von 200 Pfund.
»Ich glaube, ich habe einen ganz guten Handel gemacht«, schrieb er seinem Geschäftspartner in London.

Franz Schubert war in seiner Jugend so entsetzlich arm, daß ihn sein Freund Spann mit dem nötigen Notenpapier versorgen mußte; und als *Arnold Schönberg* (zu Beginn des 20. Jahrhunderts) mit der Arbeit an seinen *Gurre-Liedern* begann (ein Werk, das ihn fast ein Jahrzehnt lang beschäftigte), war er ein armer junger Musiker, ohne die geringsten Mittel für seinen Lebensunterhalt. Um sein Werk beenden zu können, wurde er ein musikalischer Handlanger: ein Arrangeur und Orchestrator für andere. Damit er die 600 Seiten starke Partitur seiner »Gurre-Lieder« schreiben konnte, mußte er 6000 Seiten Operetten, Musicals, Farcen und Vaudevilles abschreiben, und manch ein Werk dieser Art, das ein Welterfolg werden sollte, wurde von Schönberg überarbeitet und orchestriert, während er an seinem eigenen Meisterwerk arbeitete.

Unter den vielen Geschichten, die in Wien über *Bruckner* erzählt werden, ist eine, die noch unglaubwürdiger klingt als die übrigen. Sie wird jedoch bezeugt von einem Schüler des Meisters, der selbst dabei war.
Anton Bruckner kam, Tränen in den Augen, nach dem zweiten Akt der »Parsifal«-Erstaufführung aus dem Bayreuther Festspielhaus. Franz Liszt sah ihn, näherte sich ihm freundlich und erkundigte sich voller Mitgefühl: »Mein lieber Doktor Bruckner, hat das große Werk Sie so tief gerührt?«
»Gerührt?« fragte Bruckner überrascht. »Ach, Unsinn! Aber hier treiben sich Hunderte von Taschendieben herum, und einer dieser Schurken hat mir meinen ledernen Geldbeutel gestohlen, der mein ganzes Geld enthielt, und jetzt kann ich nicht einmal meine Hotelrechnung bezahlen.«
Und von neuem flossen Tränen über seine alten Wangen. Liszt wandte sich ab; er langte mit der Hand in seine Brusttasche und gab ihm mit einem Ausdruck äußerster Verachtung, ohne ihn nur anzusehen, seine eigene Brieftasche.

Kaum irgendein Komponist seit den Tagen Rossinis hat ein so aufwendiges Leben in so üppigem Luxus geführt wie *Cole Porter*. Geld, riesige Mengen Geld standen ihm von Geburt an zur Verfügung. Schon als Junge trat er das ungeheure Erbe seines Großvaters und seines Vaters an; später heiratete er eine Millionärin, und noch später erwarb er sich selbst auf zwei Wegen ein riesiges Vermögen: zum einen als der bedeutendste Textdichter Amerikas, und zum anderen als einer der erfolgreichsten Komponisten der Welt.
Er wohnte in einem höchst luxuriösen Haus auf dem Dach des Waldorf Astoria Hotels in der City von New York, aber daneben hatte er ein Appartement in Paris, Grundbesitz an der Riviera und den prächtigen Palazzo Rezzonico in Venedig.
In Venedig gab er eines der großartigsten Feste in der Geschichte dieser Stadt. 600 Gäste, unter ihnen Könige, Multimillionäre, schöne Frauen und berühmte Männer, waren aus allen Teilen der Welt gekommen, um dabeizusein. 50 Gondoliere flankierten mit ihren Rudern die riesige Marmortreppe, auserwählte Künstler aus Mailand, Paris und Wien waren engagiert, die Gäste zu unterhalten, und als *pièce de résistance* war Diaghilew und seine ganze Ballettgruppe nach Venedig geflogen, um am Abend im Garten »Les Sylphides« aufzuführen.
Am Nachmittag inspizierte Diaghilew persönlich den Schauplatz. Als er sich nach der Beleuchtung erkundigte, sagte ihm der Gastgeber, daß 20 000 Kerzen in den Bäumen versteckt seien und allmählich ihren Schein verbreiten und so die Tänzer beleuchten sollten.
»Wundervoll, wundervoll!« rief der Impresario aus. »Aber wissen Sie, Mr. Porter, die Wirkung wäre natür-

lich noch größer, wenn 200 000 Kerzen zur Verfügung stünden.«

»Ich besorge sie!« sagte Cole Porter ruhig. Und an jenem Abend tanzte das Ballett im Lichterglanz von 200 000 Kerzen.

Als Gegenstück sei hier noch eine Geschichte über einen anderen Liederkomponisten erzählt, der auch hochbegabt war, aber nicht so großes Glück hatte wie Cole Porter.

Haslingers Musikalienhandlung in der winzigen Pater-Noster-Gasse war in ganz Wien bekannt. All die großen Musiker, Komponisten und Virtuosen, Ortsansässige oder Durchreisende, hatten hier ihren Treffpunkt. Fast jeden Morgen war dort Herr Beethoven zu sehen; Weber kam vorbei; Rossini schaute herein, und alle wurden sie vom alten Tobias liebevoll begrüßt, dem Freund und Schutzherrn all dessen, was mit Musik zusammenhing.

Als Josef Fahrbach, der glanzvolle junge Flötist, an einem Vormittag in Haslingers Privatbüro saß und sich über das Programm seines bevorstehenden Konzertes unterhielt, wurde sehr vorsichtig die Tür geöffnet, und ein besonders kleiner, dicker junger Mann steckte seinen Kopf zur Tür herein.

»Wie sieht es heute morgen aus, Herr von Haslinger?« fragte er schüchtern. Der Verleger schüttelte kräftig den Kopf. »Nein, nein, nein!« rief er. »Schauen Sie, daß Sie weiterkommen!«

Der erschrockene junge Mann zog sich mit einem verlegenen Lächeln und einer Geste der Entschuldigung zurück. »Wer war das?« erkundigte sich Fahrbach. »Ach niemand«, erwiderte Haslinger, der Freund der Künstler und der Künste, »nur so ein Liedschreiber, ein gewisser *Franz Schubert.* Vor einiger Zeit versprach ich ihm, daß er jedesmal einen Schilling bekommt, wenn ich etwas von seinem Zeug annehme, und jetzt, ob man's glauben will oder nicht, steckt er jeden Morgen seinen Kopf herein und denkt, daß er sein Geld bekommt . . .«

Schlußakkorde

Von den letzten Erdenstunden großer Meister

Der große *Rameau* lag in seinen letzten Zügen. Unablässig intonierte ein Priester an seinem Krankenbett die Sterbegebete. Mühselig ging der Atem des berühmten Komponisten, er öffnete die Augen, schüttelte unmerklich den Kopf und sprach mit leichtem Lächeln diese letzten Worte: »*Mon cher Abbé,* wie können Sie nur so grauenhaft falsch singen ...«

Pergolesi muß wohl der jüngste unter den Komponisten gewesen sein, den der Tod abrief. Er wurde nur achtundzwanzig Jahre alt. Auber war der älteste – er starb mit neunundachtzig.

Mozart, Schubert, Bellini, Purcell, Bizet, Mendelssohn, Chopin, Weber und Gershwin waren in den Dreißigern, als der Tod sie abrief; Verdi war siebenundachtzig, Cherubini zweiundachtzig und Thomas fünfundachtzig.

Als Hanslick den alten *Rossini* besuchte und ihn zu seiner unverwüstlichen Gesundheit und Tatkraft beglückwünschte, lachte der zweiundsiebzigjährige Komponist: »Was ist daran denn so erstaunlich, habe ich doch erst kürzlich meinen achtzehnten Geburtstag gefeiert.«

Hanslick war im ersten Moment verblüfft, bis er sich erinnerte, daß Rossini an einem Schalttag geboren wurde, dem 29. Februar 1792.

Sein ganzes Leben lang war Rossini abergläubisch und hatte eine Todesangst vor allem, was mit Freitag oder der Zahl 13 zusammenhing.
Er starb am Freitag, dem 13. November 1868.

Der spanische Komponist *Enrique Granados* war 1916 zur Premiere seiner Oper *Goyescas* an der Metropolitan eigens nach New York gekommen. Auf der Heimfahrt wurde sein Schiff, die *Essex,* im Ärmelkanal von einem deutschen Unterseeboot torpediert, wobei Granados mit allen Passagieren den Tod in den Wellen fand.
Es ergreift einen ein Schauder bei dem Gedanken, daß nach dreißig Jahren wiederum, wenn auch unter ganz anderen Umständen, ein großer Tonkünstler zum grausamen und unschuldigen Opfer einer militärischen Aktion wurde.
Am 15. September 1945 war *Anton von Webern,* einer der gütigsten und liebenswertesten Menschen unter den zeitgenössischen Komponisten, aus Wien kommend in dem österreichischen Städtchen Mittersill nahe Salzburg eingetroffen, um Tochter und Schwiegersohn zu besuchen. Die drei hatten zu Abend gegessen, sich über Familiengeschichten unterhalten und die neuesten Nachrichten über das Ergehen der Freunde in England und Amerika ausgetauscht. Nun wollte man zu Bett gehen. Es war ein prächtiger Herbstabend, von den Bergen herunter wehte ein sanfter Wind, und Webern hatte Lust, noch einmal vors Haus zu treten und eine letzte Zigarette zu rauchen.
Kaum hatte er die Tür geöffnet, als ihn eine Stimme aus der Dunkelheit anrief, er solle stehenbleiben und sich

nicht von der Stelle rühren. Es war die amerikanische Militärstreife auf ihrer allnächtlichen Runde. Webern, der kein Englisch sprach, hatte offensichtlich den Eindruck, daß da irgendwelche Soldaten ihn zu sprechen wünschten. Er ging also in Richtung auf die Stimme zu und hob leicht den rechten Arm, im Begriff, etwas zu sagen. Im gleichen Augenblick knallte ein Schuß. Er weckte hundertfaches Echo in der Stille der Bergwelt – und leblos glitt der Komponist zu Boden.

An einem Frühlingstag des Jahres 1922 traf *Giacomo Puccini,* unterwegs auf einer Autotour von Italien nach Belgien, in dem kleinen Ingolstadt ein. Mit seinem Sohn Tonio spazierte er voll Entzücken durch die romantischen Gassen des mittelalterlichen Städtchens, und als die Mittagszeit nahte, beschloß man, in einem einfachen anheimelnden Gasthaus zu speisen.
Puccinis Lieblingsessen, Gänsebraten, stand auf der Speisekarte. Es wurde bestellt, und Vater und Sohn hieben mit größtem Appetit ein. Während des Essens plauderten und lachten sie, als Puccini plötzlich husten mußte. Er hatte einen Knochen abgeknabbert, und ein Splitter war ihm unversehens in die Kehle gekommen. Alle üblichen Methoden, mit denen man in solchen Fällen zu helfen versucht, hatten keinen Erfolg. Tonio rief also schließlich einen Arzt, dem es gelang, den winzigen scharfen Fremdkörper zu entfernen. Unglückseligerweise jedoch wollte die kaum erkennbare Wunde nicht heilen und führte innerhalb eines halben Jahres zu einer bösartigen Kehlkopferkrankung.
Nicht daß Puccinis schwere Erkrankung verhindert wor-

den wäre, wenn er nicht an jenem verhängnisvollen Mittag in Ingolstadt gegessen hätte, aber die kleine Verletzung hat das Ende sicherlich beschleunigt.
Von dem Moment an, da der Maestro sich über die Schwere seiner Krankheit klar geworden war und sich rettungslos dem Tod verfallen wußte, konzentrierte er all seine Tatkraft mit bewundernswürdiger Tapferkeit einzig auf die Vollendung seiner *Turandot.* Oft genug durch marternde Schmerzen behindert, arbeitete er dennoch Tag für Tag stetig und systematisch weiter.
Im Juli 1924 spielte er das fast vollendete Werk Toscanini vor. Als er zu der Stelle kam, da die rührende kleine Liu stirbt, hörte er auf, wandte sich dem lauschenden Dirigenten zu und sagte: »Ich weiß nicht, ob mir noch Zeit genug bleiben wird, auch das übrige zu vollenden. Wenn nicht, wollen Sie, mein Freund, dann dafür sorgen, daß bei einer Aufführung der *Turandot* an dieser Stelle jemand vortritt und dem Publikum verkündet: ›Bis hierher hat der Komponist schreiben können – dann starb er!‹ «
Drei Monate später, am 29. September 1924, endete das Leben Puccinis nach unsäglichen Qualen.
Es war einer der unvergeßlichen Augenblicke der Operngeschichte, als bei der Premiere der *Turandot* an der Mailänder Scala am 25. April 1926, nachdem Liu ihren Abschied vom Leben gesungen hatte, Arturo Toscanini sich dem Publikum zuwandte und feierlich erklärte: »Hier endet das Werk des Meisters!«
Dann legte er seinen Taktstock aus der Hand und stieg von seinem erhöhten Platz in den Orchesterraum.
Die gesamte Zuhörerschaft ehrte seine Ergriffenheit und verließ schweigend das Haus.

Paul Chevalier de Valdrome, ein junger exzentrischer Aristokrat, lebte um 1840 in Paris und war ein Freund der Maler, Dichter und Musiker. Eines Tages kaufte er sich ein menschliches Skelett, das er zum großen Vergnügen seiner Bohème-Bekannten in eine Ecke seines Salons stellte.

Frederic Chopin hörte von diesem seltsamen *objet d'art* und ließ Valdrome durch einen gemeinsamen Freund, den Maler Ziem, um eine Einladung bitten, damit er sich dies Stück einmal näher ansehen könne. Ziem hatte schon seit langem geplant, Chopin mit einem Klavier eine Freude zu machen; er hielt dies nun für eine glänzende Gelegenheit für solch ein Geschenk. Alles wurde sorgfältig vorbereitet, der Tag für ein festliches Abendessen bestimmt, Chopin war eingeladen, und das neue Klavier stand im Salon, wo sich die Gäste versammelten.

Vergeblich warteten die Freunde – Chopin erschien nicht. Erst nach dem Essen kam er dann, erregt und außer sich. Er hatte eine quälende Auseinandersetzung mit George Sand, seiner Geliebten, gehabt und konnte nicht darüber hinwegkommen. Kaum daß er sich bei Ziem für das Klavier bedankte und einen kurzen Blick auf das Skelett warf, dann setzte er sich in eine Ecke und brütete vor sich hin.

Valdromes Gäste nahmen darauf nicht weiter Notiz von ihm; sie waren bester Laune, tranken, lachten und tanzten, und schließlich zerrte einer das Skelett aus seiner Ecke und stellte es neben das Klavier. Irgend jemand machte einen Teil der Lichter aus, Gelächter und Plauderei erstarb, und eine ganze Weile war alles verstummt. Plötzlich pochte Ziem in einem merkwürdig feierlichen Rhythmus viermal gegen die Truhe, auf der er saß: Dum Dah-Da Dum. Chopin warf einen Blick auf das Skelett; wieder ertönte das Pochen: Dum Dah-Da Dum. Er sprang auf, stürzte zum Klavier, riß das Skelett heftig an seine Brust, setzte sich hin und begann zu spielen. Nahezu eine halbe Stunde improvisierte er auf die vier Noten Dum Dah-Da Dum, ernste Musik, düster und wie zum Begräbnis.

Dann brach er unvermittelt ab und sank schluchzend zu Boden.

Nicht lange danach spielte er seine *b-moll-Sonate* zum erstenmal vor der Öffentlichkeit. Als er den dritten Satz begann, blickten Valdrome und Ziem einander vielsagend an: es war das Thema seiner Improvisation an jenem Abend – ein Thema, das mehr als jede andere Melodie der Welt die Unendlichkeit und Trostlosigkeit des Todes ausdrückt.

Auf seinem Totenbett dachte Chopin unaufhörlich nur an George Sand, Seligkeit und Fluch seines kurzen Lebens.

»Sie hat mir gesagt, daß ich auf keinen Fall sterben würde – es sei denn, in ihren Armen«, waren seine letzten Worte.

»Er ist sein Leben lang gestorben ...« sagte Berlioz bei der Nachricht von seinem Tode.

Als *Mendelssohn* 1847 von England nach Frankfurt zurückkehrte, mußte man ihm mitteilen, daß seine Schwester Fanny, die heißgeliebte Gefährtin seiner glücklichen Jugend, Vertraute seines Herzens und liebevoll-kritische Kennerin seiner Werke, gestorben sei. Grausam ge-

troffen, fiel er mit einem Aufschrei zu Boden. Ihm war eine Ader im Gehirn geplatzt, und es brauchte eine ganze Zeit, ehe man ihn wieder ins Leben zurückrufen konnte.

Er hatte einen schweren Schlag erlitten, der dann allmählich, innerhalb von fünf Monaten, zu seinem eigenen Tode im Alter von nur achtunddreißig Jahren führte. Die tragischen Umstände seines frühen Todes und die ungeheure Achtung, die man für ihn empfand, führten zu Begräbnisfeierlichkeiten, wie sie keinem Musiker je zuteil geworden sind. Das ganze deutsche Volk war in tiefe Trauer versunken und beklagte seinen glänzendsten Sohn. Zehntausend Leipziger folgten schweigend dem Fackelzug von der Paulinerkirche zum Bahnhof. Der Sarg wurde in einen Sonderzug gehoben, der sich auf Berlin zu in Bewegung setzte. Auf jeder Bahnstation, durch die er fuhr, in Städten, Dörfern und kleinen Flecken, hatten sich die Menschen versammelt, um Mendelssohn die letzten Ehren zu erweisen. In Köthen und Dessau, wo der Zug halten mußte, sangen ihm heimische Chöre Abschiedslieder, und als der Zug am nächsten Morgen um sieben Uhr in Berlin eintraf, grüßten ihn Tausende in schweigender Trauer.

Die Feierlichkeiten nahmen nun ihren Fortgang, und die sterblichen Überreste des großen Komponisten wurden in die Familiengruft gebettet, in der schon seine Eltern und die geliebte Schwester Fanny ruhten.

Robert Schumann saß noch spät abends komponierend am Klavier. Schweratmend und mit unsicher zitternden Händen füllte er Seite auf Seite. Der Boden ringsum

war schon von Notenblättern bedeckt, aber er arbeitete weiter, als würde er von Geisterhand getrieben.
Auf einmal brach er ab, ging in das Schlafzimmer nebenan und kritzelte dort auf einen Zettel:
»Liebe Clara, ich werfe meinen Trauring in den Rhein, tue du dasselbe, beide Ringe werden alsdann sich vereinigen.«
Er legte den Zettel auf Claras Nachttischchen, lief die Treppe hinunter und durch den kleinen Vorgarten auf die Straße hinaus.
Es regnete in Strömen, aber die heitere Rheinstadt Düsseldorf feierte Karneval. Colombinen und Harlekine, Schornsteinfeger und Pieretten tanzten durch die Straßen, und niemand beachtete den seltsamen Mann, der in Pantoffeln und Schlafrock über dem Nachthemd auf die Rheinbrücke zueilte. Als er mitten auf der Brücke angelangt war, zögerte er einen Augenblick, schaute hinunter in die Flut und breitete dann unversehens die Arme aus, um sich in den Rhein zu stürzen.
Ein Dampfboot kam eben vorüber, und so fischte einer von der Besatzung Schumann aus dem Wasser und bettete ihn auf eine hölzerne Sitzbank im Boot. Als er näher zusah, rief er aus: »Ist das denn nicht unser Musikdirektor, der Herr Dr. Schumann?«
Aber mit der geringen Kraft, die ihm verblieben war, suchte der Verzweifelte sich ein zweites Mal zu ertränken. Man riß ihn zurück und brachte ihn an Land. Während ihn acht Mann heimtrugen, wurde er von einem Weinkrampf geschüttelt, und die mitlaufenden Karnevalsnarren meinten, daß sich hier einer einen besonders originellen und merkwürdigen Spaß ausgedacht habe.
Wenige Tage danach wurde er in eine Anstalt bei Bonn

überführt. Dort siechte er dahin, saß noch zwei Jahre in einem Sessel und schaute traurig aus dem Fenster. Clara durfte ihn nicht besuchen; erst als die Ärzte sein Ende kommen sahen, wurde sie gerufen.

Sie kam und erkannte in dem zusammengeschrumpften alten Mann ihren geliebten Robert nicht wieder, der erst sechsundvierzig Jahre war. Sie bot ihm ein Glas Wein, das er zu greifen versuchte; er stieß jedoch so ungeschickt dagegen, daß ihr der Wein über die Hand lief. Mit unsagbar glücklich aufleuchtendem Gesicht haschte er danach und schlürfte den Wein von ihren Fingern. Dann schlang er mit großer Anstrengung seinen Arm um Clara ...

Zwei Tage darauf hörte das arme gequälte Herz auf zu schlagen.

»Um alle Schätze gäbe ich diese Umarmung nicht wieder hin«, schrieb Clara später in einem Brief an Brahms.

Ein wackeliger alter Milchkarren ratterte an einem eisigen Dezembervormittag gen Wien. Auf dem Kutschbock neben dem Fahrer saß, zitternd vor Kälte, ein untersetzter, breitschultriger Mann ohne Mantel. Es war *Beethoven.*

Er war nach Gneixendorf gefahren, um für seinen Neffen Karl eine Stelle zu besorgen, und kam ohne Erfolg zurück.

Müde und elend fiel er ins Bett; er fieberte. Karl möge ihm einen Doktor besorgen, sagte er, und schlief erschöpft ein.

Karl ging zwar, doch eben nur ins Caféhaus an der Ecke, wo er seine Kumpane traf, mit ihnen eine Partie

Billard und später Karten spielte, trank ... und vergaß ...

Zwei Tage darauf fiel ihm sein bejammernswerter alter Onkel wieder ein. Der Doktor kam, ein Fremder, der Beethoven nie zuvor gesehen hatte. Er untersuchte: »Lungenentzündung.«

Aber Beethovens Lebenswille rebellierte gegen die Krankheit, sein kräftiger Körper stemmte sich, und noch einmal siegte seine gesunde Natur. So überwand er die erste Krise, doch dann begann jener grausige, ungleiche Kampf mit dem Tode, vier Monate lang, hoffnungslos, titanisch!

Schindler, sein Freund und Schüler, wachte an seinem Lager. Er brachte ihm Essen, wusch ihn, sorgte für ihn, war Pfleger, Koch und Sekretär, alles in einem.

Die Londoner Philharmonische Gesellschaft hatte Beethoven hundert Pfund geschickt, was ihn überglücklich machte. »Schreiben Sie den guten Leuten«, trug er Schindler auf, »daß ich ihnen danke – ich danke dem ganzen englischen Volke, das Gott segnen möge!«

Er lächelte, als er die Mitteilung erhielt, daß ihn die Stadt Wien zu ihrem Ehrenbürger ernannt habe. Er sprach von Goethe, vom *Faust*, vom *Fidelio*, – seinem »Sorgenkind«; er verlangte die Notizen zu seiner *Zehnten Symphonie* zu sehen und versuchte sogar zu arbeiten.

Unterdes hatte sich bei ihm eine Bauchfellentzündung entwickelt. Mit einem traurigen Lächeln bemerkte Beethoven: »Lieber Wasser aus meinem Körper als aus meiner Feder!«

Um die Mitte des März wurde klar, daß das Ende nahte. Beethoven erhielt die Letzte Ölung, und nachdem der

Priester gegangen war, wandte er sich an die um sein Lager Versammelten mit einem Plautus-Zitat: »Klatscht Beifall, Freunde, die Komödie ist zuende!«
Zwei Tage noch kämpfte er mit dem Tode.
Am 26. März 1827 tobt ein heftiger Schneesturm durch die Straßen Wiens. Plötzlich ereignete sich etwas ganz Außergewöhnliches: ein Blitzstrahl erleuchtete für einen Moment die kleine Kammer, grollender Donner folgte, gewaltig und erschreckend.
Beethoven kam zum letzten Male zu sich, blickte auf und hob mit dem letzten Rest seiner einstigen Riesenkraft die geballte Faust gen Himmel – dann starb er.

Heiteren Gemütes saß *Haydn* an einem Januarmorgen des Jahres 1805 an seinem Frühstückstisch, als sein Auge plötzlich auf eine Überschrift in seiner Zeitung fiel: *Joseph Haydn gestorben.*
Er kniff sich in den Arm, um sicher zu sein, daß er nicht träume; aber da stand es, schwarz auf weiß: ›Mit dem tiefsten Bedauern geben wir Kenntnis vom plötzlichen Tode des berühmten Komponisten Joseph Haydn, der am gestrigen Tage im Alter von dreiundsiebzig Jahren sanft entschlummert ist.‹
Haydn war wie vor den Kopf geschlagen. »Verflucht nochmal!« dachte er. »Ich denke nicht daran, plötzlich sanft zu entschlummern – jetzt noch nicht jedenfalls!«
Er ging rasch bei einigen Freunden vorbei, und gemeinsam begab man sich zum Redakteur der *Wiener Zeitung*. Nachdem sich der gute Mann von seinem ersten Schrecken erholt hatte, bat er tausendmal um Entschuldigung. Er hatte die traurige Nachricht erst spät nachts

erhalten, Haydn war kürzlich krank gewesen und zudem immerhin dreiundsiebzig – kurz, es war alles in allem ein nicht ganz unbegreiflicher Irrtum, den er selbstverständlich in der nächsten Ausgabe sofort richtigstellen würde.
Doch die Lawine war ins Rollen gekommen. Kondolenzbriefe trafen ein, Blumen und Kränze wurden abgegeben, und mancher aus der Prozession der Beileidsbesucher war fast enttäuscht, als er von dem glücklichen Umstand erfuhr, der seinem Besuch die Berechtigung nahm.
London, Paris und Petersburg griffen den Bericht auf, und allenthalben war man tief bestürzt. Rodolphe Kreutzer, der Geiger, komponierte ein *Violinkonzert zu Haydns Gedächtnis*, Cherubini veröffentlichte eine *Cantata alla morte di Joseph Haydn*, und das *Journal des Débats* gab seinen Lesern bekannt, daß ein feierliches Gedächtniskonzert veranstaltet würde, bei dem Mozarts *Requiem* gespielt werden sollte.
»Oje, oje, die Guten!« meinte Haydn beim Lesen dieser Nachricht. »Wenn sie es mir nur vorher gesagt hätten, dann wäre ich hingefahren und hätte das *Requiem* auch noch selber dirigiert!«
Vier Jahre später, als Napoleons Kanonen über Wien donnerten, lag Haydn wirklich im Sterben. Tief in seinem Herzen betete er für seinen Kaiser Franz. Die Dienerschaft hatte sich in dem kleinen Raum zusammengedrängt, verängstigt durch den Lärm der unweit tobenden Schlacht. Er bat, man möge ihn zum Klavier tragen; dort spielte er die von ihm komponierte österreichische Hymne. Dann sah er sich um und sagte mit einem letzten, unendlich gütigen Lächeln: »Seid getrost,

meine Kinder, wo Haydn ist, kann euch nichts geschehen!«
Als Napoleon die Nachricht vom Tode des Komponisten erhielt, gab er sofort Befehl, daß ein Ehrenposten vor seinem Hause aufgestellt werden solle.
Großartig waren die Begräbnisfeierlichkeiten einige Tage später, als man Haydn auf dem Hundsturm-Friedhof zur letzten Ruhe bettete.

Gluck starb an einem verbotenen Glase Kognak. Bereits 1781 hatte er einen Schlaganfall erlitten, der ihn zeitweise lähmte, aber er dachte nicht daran, sein genußfreudiges Tafeln einzuschränken. Als er sich selbst und seine Frau malen ließ, bestand er darauf, mit dem Weinglas in der Hand der Nachwelt überliefert zu werden. So vergnügte er sich weiter an Essen und Trinken, bis er, um seinen siebzigsten Geburtstag, einen zweiten Schlaganfall hatte. Fortan mußte seine Diät sorgsam überwacht werden, jeglicher Alkohol war ihm verboten, und nur einmal am Tage war ihm eine kurze Spazierfahrt in den Prater erlaubt.
Ende des Jahres 1787 stand es so schlecht mit ihm, daß er das Bett hüten mußte. Nur wenige Menschen durften ihn besuchen, und auch das nur für denkbar kurze Zeit.
Eines Tages erschien Salieri, sein Schützling und Freund. Er berichtete Gluck, daß er an einer Kantate arbeite, betitelt *Das Jüngste Gericht,* und nun im Zweifel sei, ob er Christi Worte einem Tenor oder einem Bariton anvertrauen solle. »Seien Sie unbesorgt, mein Lieber«, erklärte der sterbende Gluck, »sehr bald werd' ich wis-

sen, welcher Stimmlage sich unser Heiland bedient – und werde Ihnen Nachricht geben!«
Am 15. November 1787 besuchten ihn zwei Freunde aus Paris zum Mittagessen, wobei er selber mäßig gegessen hatte und in der allerbesten Laune war. Als seine Frau kurz das Zimmer verließ, um den Wagen für eine kleine Ausfahrt zu bestellen, ergriff er ein Glas, füllte es rasch mit Kognak und trank es in einem Zuge aus.
Unterwegs dann traf ihn der endgültige Schlag. Gluck verlor das Bewußtsein und starb noch am gleichen Abend.

Jean-Baptiste Lully war zweifellos der größte Schurke, Prasser, Betrüger und Wüstling jeglicher Art in der gesamten Musikwelt.
Geboren war er in Florenz, lebte jedoch und starb in Paris als einer der reichsten und bedeutendsten Menschen seiner Zeit.
Nachdem er als Tellerwäscher in der Küche der Mademoiselle de Montpensier begonnen und hinreichend Gebrauch von seiner genialen Musikbegabung und einem ebenso großen Talent für Intrigen gemacht hatte, arbeitete er sich weit genug nach oben, um zum Begründer der französischen Oper, dem eigentlichen Diktator der Musik in Frankreich, zum Sekretär von Ludwig dem Vierzehnten zu werden und den Adelstitel zu erhalten.
Er war schlau, witzig und boshaft, ehrgeizbesessen und rücksichtslos. Die Heirat mit einer Tochter des Hofmusikmeisters Michel Lambert öffnete ihm nicht nur den Zugang zu den höchsten Gesellschaftskreisen, sondern brachte ihm zusätzlich eine Mitgift von zwanzigtausend

Livres ein. Er intrigierte so lange erfolgreich gegen seine Konkurrenten und Freunde, bis ihn seine Vielseitigkeit als Komponist, Geiger, Dirigent, Ballettänzer und Komödiant zum Liebling des *roi soleil* gemacht hatte. Der König belohnte diesen so brauchbaren Höfling durch Gewährung eines Jahresgehalts von dreißigtausend Livres und gestattete ihm so etwas wie ein Monopol auf musikalische Darbietungen in Frankreich.

An sich nun schon mächtig und reich genug, begann Lully diese Macht noch auszudehnen durch kluge Kapitalanlage. Zunächst engagierte er sich vierzehn Jahre lang den Dichter Quenault, der sich für eine jährliche Summe von viertausend Livres bereit fand, Operlibretti ganz allein nur für ihn zu schreiben.

Sein nächstes Unternehmen hatte schon weniger mit Musik zu tun: er hatte sehr wohl bemerkt, daß Paris über seine Grenzen hinauswuchs, und so erwarb er unterschiedslos im großen Stile alles Land, das ihm irgend unter die Finger geriet. Er baute ganze Vorstädte, wobei er persönlich jede Einzelheit der Planung, Kalkulation und Ausführung überwachte. Bald hatte er ein Büro eröffnet, wo Grundstücke gekauft oder verkauft sowie Läden und Wohnungen vermietet wurden. Doch ungeachtet dieser nervenaufreibenden und ausgedehnten Tätigkeit, fand er noch Zeit genug, die Hof-Oper zu leiten, eine Unmenge zu komponieren, bei Hofe einen neuen Tanz, das Menuett, einzuführen und eine neue musikalische Form zu erfinden: die Ouvertüre.

Sein Tod mit fünfundfünfzig Jahren wurde durch einen unwahrscheinlichen, doch belegten Zufall verursacht. Aus Anlaß der Genesung des Königs von einer schweren Krankheit führte man ein *Te Deum* auf, bei dem

Lully als Dirigent nach dem Brauche der Zeit den Takt mit einem kräftigen Stock auf dem Boden klopfte. Dabei traf er sich selbst versehentlich mit aller Macht am kleinen Zeh, dessen Entzündung eine tödliche Blutvergiftung zur Folge hatte.

Noch auf seinem Totenbette gelang es ihm, zwar nicht gerade den Himmel selbst, aber doch dessen Vertreter auf Erden zu betrügen. Der Priester, der ihm die letzte Beichte abnahm, verlangte, daß er als äußeres Zeichen seiner Reue alles, was er von seiner letzten Oper *Achille et Poyxène* bereits geschrieben habe, verbrenne. Als getreuer und gläubiger Christ war Lully einverstanden und gab ihm das Manuskript, das dieser unverzüglich den Flammen überantwortete.

Am Tage drauf wurde Lully von einem Freunde besucht. »Ist es wahr, Baptiste, daß du diesem kirchlichen Gauner auf den Leim gegangen bist und deine Oper verbrannt hast?« Mit dem letzten Rest der ihm noch verbliebenen Energie lachte Lully spöttisch. »Du scheinst mich noch immer nicht zu kennen, mein Freund«, sagte er, schon in den letzten Zügen. »Meinst du wirklich, daß ich töricht genug war, das alberne Gerede dieses Kerls zu glauben und mein Werk zu vernichten? Natürlich habe ich eine Abschrift behalten!«

Und verließ mit diesen Worten dies Tal der Tränen, um sich vergnügt ins Gefilde der Seligen zu begeben.

Nach seinem Tode fand man in seinem Schatzkeller achtundfünfzig Säcke, angefüllt mit Tausenden von Louisdors, Dukaten, Dublonen und anderen Goldmünzen, dazu riesige Diamanten, Smaragde und Rubine; insgesamt ein Nachlaß im Werte von fast zwei und einer halben Million Mark.

Männer und Taktstöcke

Ein eifriger junger Musiker fragte einmal *Walter Damrosch:* »Können Sie mir, Herr Professor Damrosch, das Geheimnis großer Dirigierkunst verraten?«

»Natürlich kann ich das«, erwiderte Damrosch, »sehen Sie, hier ist ein Taktstock – ja? –, und jetzt schlage ich einen Dreivierteltakt: Eins-zwei-drei-, eins-zwei-drei. Verstehen Sie? Gut, und jetzt will ich einen Viervierteltakt schlagen. Sehen Sie: Eins-zwei-drei-vier, eins-zwei-drei-vier. Verstanden? Nun, mein Freund, das ist das Geheimnis großer Dirigierkunst. Nur – ich flehe Sie an, sagen Sie es niemandem!«

Am 10. April 1820, bei einem Konzert der Philharmonischen Gesellschaft, hielt eine revolutionäre und sensationelle Neuheit ihren Einzug ins englische Musikleben: der Taktstock. Bis dahin war es üblich gewesen, daß der Orchesterpianist mit der Partitur vor sich der Aufführung folgte und auf Fehler achtete, während der erste Geiger das Tempo bestimmte und gelegentlich, bei Passagen in schwierigem Rhythmus, mit seinem Bogen den Takt schlug. Als Louis Spohr in England eintraf, sah er sich einer solchen Menge von Musikern und Chorsängern gegenüber, daß er, um ein vollkommenes Zusammenspiel zu erreichen, beschloß, die Partitur auf ein eigenes Pult vor den Mitwirkenden zu legen und statt des

Violinbogens einen kleinen Stock zu benutzen, den jeder deutlich sehen konnte. Dieses unerhörte Vorgehen löste unter den Direktoren der Philharmonie Bestürzung und heftigen Zorn aus. Sie protestierten gegen diese äußerst nutzlose und verwirrende Neuheit, die dazu geschaffen war, die Eitelkeit (und natürlich auch die finanziellen Forderungen) gewisser Virtuosen zu erhöhen.

Spohr jedoch kämpfte für seine Idee; er wies auf die großen Schwierigkeiten bei der Aufführung moderner Werke hin; zugleich bat er, einen Versuch machen zu dürfen, und schließlich gelang es ihm, die Direktoren zu überzeugen. Der Erfolg seines Experimentes zeigte sich sogleich und unmittelbar. Niemals zuvor hatte man ein so einheitliches Zusammenspiel gehört. Spohr selbst gab den Spielern ihre Einsätze, höflich unterbrach er die Probe, um einem Musiker eine andere Phrasierung vorzuschlagen, bat hier um ein Crescendo, dort um ein Pianissimo, bestimmte sogar einmal das Tempo und wies so mit seinem kleinen Zauberstab der musikalischen Interpretation eine vollkommen neue Richtung.

Aber trotz seines glänzenden Erfolges blieb Spohrs Experiment ein einmaliges Ereignis ohne direkte Folgen. Denn mehr als ein Jahrzehnt wurden die philharmonischen Konzerte weiterhin mit dem Violinbogen dirigiert, und erst um 1833 wurde das Dirigieren mit dem Taktstock allgemein praktiziert. Aber selbst dann bestand die Arbeit des Dirigenten nur darin, daß er den Takt schlug, gewisse Einsätze gab und Fehler verbesserte.

Der erste Dirigent, der bewußt ein symphonisches Werk aufbaute, der Höhepunkte setzte und dem Zuhörer eine klare Vorstellung der musikalischen Struktur gab, gleichzeitig jedoch dem Dirigenten die Form subjektiver Gewaltherrschaft verlieh, kurz, der erste Dirigent in unserem Sinne, war *Richard Wagner*.

Das Für und Wider seiner Leistungen wurde freilich heiß diskutiert. »Gestern abend«, schrieb Schumann im August 1848, »hörte ich Beethovens ›Fidelio‹. Es war eine schlechte Aufführung, und die Tempi waren einfach unverständlich. Dirigent: Richard Wagner.«

Niels W. Gade dagegen sagte, nachdem er die berühmte Aufführung von Beethovens »Neunter Symphonie« unter Wagner gehört hatte: »Die Reise nach Dresden hat sich gelohnt, schon allein um das Rezitativ der Contrabässe zu hören.«

J. W. Davison, der berühmte Kritiker der Londoner »Times«, behauptete wiederum, nachdem er Wagner Mendelssohns »Italienische Symphonie« hatte dirigieren hören, daß niemals ein Publikum auf eine so »ungeschliffene, langweilige, gleichförmige laute und zugleich starre, leidenschaftslose Aufführung dermaßen ungerührt und gleichgültig reagiert« hätte.

Mendelssohns Dirigierkunst wurde allgemein gepriesen und anerkannt; er schien die glückliche Mitte zwischen bloßem Taktschlagen und willkürlichem Absolutismus getroffen zu haben. Und so ebnete er den Weg für die Nikisch-Weingartner-Stokowski-Dirigentenschule, während Wagner den Anfang der Mahler-Toscanini-Beecham-Schule bildete. Die Einordnung von *Bülow* ist heute schwierig. Er wies in schöpferischer Art neue Wege; er war brutal, erschreckend, ungewohnt, aber immer interessant; er befreite das Orchesterspiel aus einem abgenutzten Traditionalismus, und ihm gelangen für damalige Zeiten unvorstellbare Aufführungen. Aber er war ausfallend, oft närrisch und manchmal geschmacklos.

Bülow begann als Pianist. Er war von kleiner Gestalt, aber sehr aufgeweckt und wendig, elegant und eindrucksvoll. Er kam schwarzgekleidet auf die Bühne, in zweireihigem Gehrock und grauen Hosen, mit einem Spazierstock in der Hand und einem zusammenlegbaren Opernhut (»meine Harmonica« nannte er ihn) unter dem Arm, den er, bevor er zu spielen begann, auf das Klavier legte. Schließlich zog er seine Handschuhe aus und begann.

Sein Repertoire war äußerst umfangreich, sein Gedächtnis überragend. Man sagt, er habe 24 verschiedene Konzertprogramme auswendig spielen können.

Eines Tages betrat er in der Londoner Bond Street eine Musikalienhandlung. Er war gerade auf dem Weg zum Paddington Bahnhof, um einen Zug nach Bath zu nehmen, wo er noch am gleichen Abend ein Klavierkonzert geben sollte. Er suchte nach irgendeiner englischen Komposition, die er als Kompliment an sein Publikum noch in das Konzert aufnehmen wollte, und er entschied sich für eine Klaviersonate von Sterndale Bennett. Während der Bahnfahrt sah er sie durch, »übte« sie, prägte seinem Gedächtnis jede dynamische und stilistische Einzelheit ein, memorierte sie und spielte sie am gleichen Abend fehlerlos und auswendig.

Es war Bülow, der Brahms' I. Symphonie die »10.« nannte; mit diesem zweideutigen Kompliment hat er Millionen Beethovenverehrer nicht nur erzürnt, sondern auch Brahms entfremdet. Einmal schrieb er einer französischen Verehrerin ins Album: »Bach-Beethoven-Brahms, les autres sont crétins! Bülow.« Ein anderer Musikfreund schrieb: »Mendelssohn-Moscheles-Meyerbeer, les autres sont chrétiens! Moszowsky.« Einer Dame, die Liszts »Mazeppa«-Studie spielte und ihn bat, besonders auf ihre Wiedergabe der näherkommenden Hufe zu achten, antwortete er: »Meine Liebe, die einzige Berechtigung, die Sie möglicherweise für den Vortrag dieses Stückes haben, ist die, daß Sie eine Pferdeseele besitzen!«

Bülow hatte eine rauhe Art, Autogrammjäger, Reporter, Eltern von Wunderkindern, angehende Komponisten und andere Plagegeister zu behandeln. Er befestigte einfach an seiner Eingangstür einen Zettel mit der Aufschrift: »Morgens nicht zu Hause; nachmittags ausgegangen.«

Als er einmal gefragt wurde, warum er nicht komponiere, gab er zur Antwort: »Komponieren ist das teuerste Steckenpferd, das ich kenne – und abgesehen davon ist in der Welt bereits genug schlechte Musik vorhanden!«

Bei einem Konzert in Wien kündigte er an, daß er nun statt der »Egmont«-Ouvertüre Brahms' »Akademische Festouvertüre« geben werde. Das Publikum, dem diese plötzliche Programmänderung mißfiel, rief laut: »Egmont! Wir wollen Egmont!« Bülow blickte gelassen auf den Sturm und brüllte dann in seinem arrogantesten Ton: »Ihr!!! Ihr seid das Volk, das vor achtzig Jahren, hätte euch jemand Egmont vorspielen wollen, wild geschrien hätte: Wir wollen eine Ouvertüre von Weigl!«

Ein junger Komponist zeigte ihm seine neue Symphonie: »Gefällt sie Ihnen?« fragte er naiv.

»Ja, natürlich«, erwiderte Bülow, »schon von jeher!«

Und zu einer berühmten Primadonna, deren Intonation bei weitem nicht exakt war, sagte er während einer Orchesterprobe: »Gnädige Frau, wären Sie so freundlich, uns Ihr A zu geben?«

Einmal fuhr er mit seiner Meininger Hofkapelle nach Leipzig, um dem Leipziger Gewandhaus-Orchester und dessen Dirigenten Carl Reinecke einen Schlag zu versetzen, indem er ihnen vorführen wollte, wie man seiner Meinung nach klassische Musik zu spielen hätte. Zu diesem Anlaß wurde das Riesenprogramm, bestehend aus Beethovens »Leonore« und seiner 7. Symphonie, einem Klavierkonzert von Brahms und dessen 2. Symphonie, von jedem Beteiligten vollkommen auswendig gespielt, sogar ohne einen einzigen Notenständer auf der Bühne (eine Leistung, die erstaunlich und atemberaubend ist, zugleich aber auch gefährlich und sinnlos!).

Eine seiner berühmtesten Äußerungen war natürlich: »Die Partitur sollte im Kopf des Dirigenten sein – und nicht der Kopf des Dirigenten in der Partitur!«

Franz Liszt schrieb im Alter von 73 Jahren einen Bülow-Marsch, den er dem berühmten Dirigenten und seinem Meininger Orchester widmete. Da er nie aufgeführt wurde, wollte Liszt wissen, warum. »Ich spiele nur gute Musik«, sagte ihm Bülow ins Gesicht.

Den Gipfel seiner phantastischen Allüren erreichte er, als er einmal Beethovens »Eroica« dirigierte. Bei jenem Anlaß zog er kurz vor dem Trauermarsch seine weißen Handschuhe aus und tauschte sie mit einer hochtrabenden Geste vor den Augen aller Zuschauer in schwarze aus. Dann wandte er sich wieder dem Orchester zu, hob seinen Taktstock und begann – nunmehr geistig auf die feierliche Musik vorbereitet – den zweiten Satz.

Richter und *Mottl*, die beiden rivalisierenden Wagnerapostel, waren von vollkommen verschiedenem Kaliber. Nur Wagner galt beiden am meisten, und nichts durfte sie in ihrer Hingabe stören. Mottls Anbetung ging so weit, daß er jede zeitgenössische Musik ablehnte, die nicht peinlich genau in die Fußstapfen des Meisters trat.

Als Leiter der Karlsruher Hofoper konnte er nicht umhin, von Brahms Notiz zu nehmen; und als das Publikum darauf bestand, des Meisters neue 3. Symphonie zu hören, mußte er nachgeben. Er führte das Werk auf – aber auf seine eigene Art: er veränderte grausam die Tempi, achtete nicht auf die Tonfolgen und verdarb absichtlich Brahms' Musik. Am Ende des Konzerts eilte er in sein Ankleidezimmer und verkündete seinen Freunden mit strahlender Miene: »Wir haben alle zusammen geholfen, daß es ein Mißerfolg wird!«

Richter, wenn auch der eingefleischteste aller Wagnerianer, hätte nie etwas dergleichen getan. Sein Horizont war weiter; er war großmütig und weltoffen. Deutsche, österreichische und englische Orchester verehrten ihn. Sie lauerten auf seine Scherze und hatten ihr Vergnügen daran. In Wien probte er einmal Vorspiel und Liebestod des »Tristan«. Es wollte nicht so recht gehen, wie er wünschte, und er wurde immer ungeduldiger. »Das ist nicht gut, das ist nicht gut!« rief er, »ihr spielt alle wie gesetzlich verheiratete Männer. Diese Musik müßt ihr spielen wie Liebhaber, wie wilde, leidenschaftliche Liebhaber!«

Als vor vielen Jahren die ersten Nachrichten über *Arturo Toscanini,* das neue Musikwunder, Bernard Shaw zu Ohren kamen, wollte er mehr über den Dirigenten wissen. »Ist er maßvoll, ehrlich und fleißig?«

Und niemals, nicht einmal von seinen intimsten Freunden ist der Maestro schärfer, knapper und treffender charakterisiert worden als durch die drei improvisierten Adjektive aus Shaws Mund. Er ist tatsächlich maßvoll in seinem Umgang mit der Musik, ehrlich als Künstler und fleißig in seiner Arbeit gewesen. Andere Dirigenten verneigen sich stolz vor ihm und bekennen sich zu ihm als ihrem Meister.

Einmal war er für eine Reihe von Gastvorstellungen in Buenos Aires verpflichtet, und die Direktion überlegte besorgt, wie sie es ihrem regulären Dirigenten Kleiber beibringen könnte. Als Kleiber davon hörte, sagte er nur: »Alles, was ich will, sind zwei Karten für jedes Konzert!«

Fast sechzig Jahre lang sahen es die Komponisten als den Höhepunkt ihrer Laufbahn an, wenn sie von Toscanini interpretiert wurden. Eines Morgens las Verdi in einer Zeitung eine vernichtende Kritik über die »Falstaff«-Interpretation des Maestro: »War es wirklich derart schlecht?« fragte der Komponist seinen Librettisten Arrigo Boito.

»Absolut nicht«, erwiderte Boito, »es war sprühender und glanzvoller als je zuvor.« Da setzte sich Verdi hin, schrieb einen Dankesbrief an Toscanini und sandte ihm eine signierte Photographie. Sie ist das einzige Künstlerportrait, das den Dirigenten auf seinen Reisen begleitet hat.

Während der Proben zu einer seiner Opern an der Metropolitan lauschte Umberto Giordano all den erstaunlichen und überraschenden Nuancen, die Toscanini aus seiner Partitur herauslas. Dann eilte er plötzlich zu ihm hin und sagte spontan: »Ich weiß, daß Sie alle Vergnügen und Reize dieser Welt kennen, Arturo, aber ich versichere Ihnen: das größte musikalische Vergnügen bleibt Ihnen versagt: sich von Toscanini interpretiert zu hören!«

Seine Ehrfurcht vor der Musik, die er seiner Interpretation für wert hielt, war legendär. Nachdem Samuel Barbers »Essay for Orchestra« zum erstenmal gespielt wurde, betrat der 30jährige Komponist respektvoll Toscaninis Ankleidezimmer, um ihm für seine Interpretation zu danken. Aber der 75jährige Dirigent schien etwas unruhig und verlegen. »Hören Sie, Barber«, sagte er, »ich fühle mich entsetzlich schuldig, aber Sie wissen ja, daß wir den ganzen gestrigen Tag versuchten, Sie zu erreichen. Ich weiß, ich hätte es ohne ihre Erlaubnis nicht tun sollen, aber ich habe für ein Sforzando eine Note für die zweite Trompete hinzugefügt. Ich hoffe, Sie werden mir verzeihen.«

Hand in Hand mit seiner künstlerischen Integrität ging ganz allgemein ein humanes Verhalten in finanziellen und politischen Dingen: ein bemerkenswerter Fall in unserer Zeit. Die Welt hat seine Verachtung für Mussolinis Arroganz und seine Weigerung, unter Hitler aufzutreten, nicht vergessen. Und obgleich er den hohen Rang seiner Dirigierkunst kannte, war er der großzügigste Mann: in Bayreuth verzichtete er auf jede Gage. »Ich könnte niemals eine Bezahlung annehmen – es wäre, als ob ich von Wagner selbst Geld nähme.«

Als die Mailänder Scala in finanziellen Schwierigkeiten

war, bestand er auf seiner Spitzengage, nur um die ganze Summe anonym für die ungestörte Weiterführung der großen Institution zu stiften.
Pietro Mascagni wurde einmal gebeten, einige Gastspiele an der Scala zu dirigieren. »Mit Vergnügen«, sagte er, »und ich will nicht um mein Honorar handeln. Alles, was ich fordere ist, daß ich für jede Aufführung eine Lira mehr bekomme als Toscanini.« Die Direktion zeigte sich einverstanden, und der Direktor überreichte Mascagni nach der ersten Aufführung ein verschlossenes Kuvert. Er öffnete es, und es enthielt einen Scheck über eine Lira.
»Was soll das?« fragte Mascagni.
Der Beamte lachte listig. »Wissen sie, Signor Mascagni, der Maestro erachtete es als eine große Ehre, an der Scala zu dirigieren – er nahm nie Geld an.«
(Und apropos Geld – hier sind zu des Lesers Erbauung diverse Spitzengagen für Dirigenten: Toscanini bekam für sein einstündiges Samstags-Konzert im NBC, New York, die glatte Summe von 4000 Dollar; Koussevitzky bekam für eine Spielzeit in Boston 75 000 Dollar; Bruno Walters Honorar an der Metropolitan Opera waren 1000 Dollar pro Auftritt; Stokowski, dessen Schallplattentantiemen bis zu 70 000 Dollar im Jahr ausmachen, nahm mit Walt Disneys Film »Fantasia« 150 000 Dollar ein!)
Aber kehren wir zu Toscanini zurück: Er duldete hinsichtlich künstlerischer Perfektion keine Kompromisse – und im Gegensatz zu Nikisch, der immer behauptete, daß jede gute Aufführung eine ununterbrochene grandiose Improvisation sein müßte, sagte Toscanini zu einem jungen Dirigenten: »Machen Sie jede Probe zu ei-

ner Aufführung – und jede Aufführung zu einem Début!«
In Wien dirigierte er einmal (es war direkt nach der Ermordung von Dollfuß) eine Gedenkaufführung von Verdis »Requiem«. Während der Proben machte eine Dame, die den Sopranpart singen sollte, wachsende Schwierigkeiten und weigerte sich, Toscaninis Vorschläge anzunehmen. »Sie scheinen zu vergessen, daß ich hier ein Star bin!« sagte sie.
»Gnädige Frau«, erwiderte der Maestro, »ich beachte Sterne nur am Himmel!«, und indem er sich an die Organisatoren des Konzertes wandte, befahl er in seinem barschesten, keinen Widerspruch duldenden Ton: »Un altro soprano!«
Bei einer anderen Gelegenheit probte er am Klavier das Gesangquartett aus Beethovens Neunter Symphonie. Eine der Sängerinnen wurde immer nervöser und machte einen Fehler nach dem anderen. Toscanini war in einer milden, versöhnlichen Stimmung, er wiederholte die Passage wieder und wieder, beruhigte und ermutigte die unglückliche Sängerin ununterbrochen, aber der Dame wollte es nicht gelingen. Schließlich schlug Toscanini den Klavierdeckel zu und rief: »Porco di bacco! Und mich wollen die Leute ungeduldig nennen!«
Ein Posaunist des Scala-Orchesters suchte ihn in seinem Privatzimmer auf. Während einer stürmischen Probe hatte der Maestro ihm alle möglichen Namen gegeben und schließlich ausgerufen: »Sie sind der übelste Musiker von ganz Italien, mein Herr. Sie sind eine Gefahr für die Musik, mein Herr. Ich will Sie nie wieder sehen, mein Herr!« Toscanini hatte sich inzwischen beruhigt und seinen Ausbruch bereut, er war durchaus bereit, sich

zu entschuldigen. Aber der Mann sagte: »Maestro, ich weiß, ich war an jenem Morgen schlecht, und Sie taten ganz recht daran, mir Ihre Meinung zu sagen. Aber was Sie mich in Zukunft auch heißen, Maestro, bitte sagen Sie nie wieder ›mein Herr‹ zu mir!«

Toscaninis Gedächtnis war eines der großen musikalischen Phänomene. In 65 Jahren seiner Dirigiertätigkeit hat er kein einziges Mal in einer Aufführung eine Partitur benützt. Jeder seiner annähernd 10 000 Auftritte in Oper, Konzert und Rundfunk wurde auswendig dirigiert.

Als er noch Schüler am Konservatorium von Parma war, hörte sein Lehrer Giusto Dacci ein paar unglaubwürdige Geschichten über das verblüffende Gedächtnis des Jungen. »Na«, sagte er eines Tages, »zeig mir, was du kannst, junger Mann. Laß mich einen deiner Tricks sehen.«

»Tricks?« Toscanini sah ihn unschlüssig an. »Kann ich ein paar Blatt Notenpapier haben? Zwanzig oder 24 Notenlinien reichen mir.« Dann setzte er sich an seinen Tisch im Klassenzimmer und schrieb augenblicklich und ohne jede äußere Hilfe die ganze Partitur des »Lohengrin«-Vorspiels fehlerlos und mit größter Genauigkeit nieder.

Als er einmal in einem Orchester das Cello spielte, bemerkte der Dirigent, daß das Notenheft auf seinem Ständer geschlossen war. Er achtete sorgfältig auf Fehler, aber es kamen keine. Toscanini kannte seinen Part genau!

Später einmal in New York, als Toscanini ein Konzert dirigierte, wurde er in der Pause von einem Kontrabassisten aufgesucht. »Maestro«, stammelte dieser be-

schämt, »mir ist meine E-Saite gerissen. Ich kann sie jetzt nicht austauschen.«
Toscanini starrte ihn durchdringend an.
»Ich habe alles versucht«, fuhr der arme Mann fort, »und ich weiß wirklich nicht, was ich tun soll.«
Toscanini hatte bisher kein Wort gesagt, und jetzt begann er, wie aus einem Trancezustand erwacht: »Es geht schon in Ordnung, ja, ich bin sicher, es geht schon! Ich bin eben ihren Part durchgegangen. Sie werden die E-Saite heute abend nicht mehr brauchen!«
Aber er hatte nicht nur ein Gedächtnis für musikalische Details: Zahlen, Namen, Daten, Gesichter – er vergaß niemals etwas. Als ihm einmal in London im Jahre 1936 John Barbirolli vorgestellt wurde, schaute er den jungen Mann an und sagte: »Barbirolli? Barbirolli? Sind Sie vielleicht ein Sohn des Geigers Lorenzo Barbirolli, der 1892 in meinem Orchester in Brescia spielte?« (Natürlich war er es!) Toscanini schlief nie länger als vier Stunden. Den Rest der Nacht verbrachte er bei seinen Partituren. Während er sie sich beängstigend nahe vor seine kurzsichtigen Augen hielt, arbeitete er sie senkrecht und waagrecht durch, und nichts entging ihm dabei. Der winzigste Punkt, die scheinbar unbedeutendste Bestimmung von Tempo und Tonfolge, ein gewöhnlich übersehenes Piano- oder Crescendo-Zeichen – alles wurde sorgfältig registriert und unauslöschlich seinem Gedächtnis einverleibt.
Lange bevor er zu seinem Pult ging, um ein Werk zum erstenmal zu proben, hatte er es in seinem Kopf geformt und gestaltet, hatte seine Höhepunkte vorbereitet und jedes Detail aufs genaueste herausgearbeitet. Und niemand hat das rätselhafte Geheimnis seines sagenhaf-

Con fuoco

Sotto

ten Gedächtnisses besser erklärt als der Maestro selbst. »Sagen Sie«, wurde er einmal gefragt, »wie ist es Ihnen möglich, all diese Hunderte und Aberhunderte von Partituren auswendig zu können?«
»Ich lerne sie!« war Toscaninis lakonische Antwort.
Als er eines Tages im NBC-Studio in New York seine erste Probe zu Beethovens Neunter Symphonie beendet hatte, brachen alle Sänger und Mitglieder des Orchesters in einen spontanen, überwältigenden Begeisterungssturm aus. Aber der Maestro stampfte mit dem Fuß und fuchtelte mit seinem Taktstock in der Luft herum: »Nein, nein nein!« rief er, »das bin nicht ich – Beethoven! Das ist Beethoven!«
Seine Musiker verehrten ihn; sie wußten, daß er das Letzte verlangte, aber sie waren bereit, es zu geben. Bei den Proben zeigte er nicht die geringste Rücksicht für irgendeinen, und das größte Kompliment, das er einem Spieler je machte, war, daß er von ihm sagte: »Er ist fürchterlich. Sie sollten ihn sehen! Bei den Proben schwitzt er tatsächlich mehr als ich!«
Dirigieren war für ihn ein Gottesdienst, ein Werk der vollkommenen und unbegrenzten Hingabe. Und charakteristischer als alle seine übrigen Äußerungen waren seine Worte zu einem unbedarften Trompeter: »Gott da oben sagt mir, wie er diese Musik gespielt haben will, und Sie – Sie stellen sich ihm in den Weg!«
Einmal wollte Toscanini einen gemütlichen Abend zu Hause verbringen. Er nahm ein Buch, machte es sich in einem Lehnstuhl in der Nähe des Ofens bequem und begann an seinem Radio herumzudrehen. Plötzlich hörte er ein Stück aus Beethovens Fünfter Symphonie. »Nicht schlecht«, dachte er, »gar nicht schlecht! Koussevitzky

kann es nicht sein, vielleicht Walter? Nein – es ist zu leidenschaftlich für ihn ... Kleiber? ... Rodzinsky? ... Monteux? Wer zum Teufel ist es?« Das Stück war zu Ende, und Toscanini lauschte der Stimme des Ansagers: »Sie hörten soeben eine Aufführung von Beethovens Fünfter Symphonie, gespielt vom NBC-Symphonieorchester unter der Leitung von Arturo Toscanini. Es handelte sich um eine Schallplattenaufzeichnung.«

Die jahrhundertealte, traditionelle Feindschaft zwischen Cellisten und Kontrabassisten im Orchester hört nicht auf (im Gegensatz zu einigen beliebten und sehr naiven Vorstellungen), wenn diese Instrumentalisten eines Tages erhabene Persönlichkeiten auf anderen Gebieten des Musiklebens geworden sind. Die größte Abneigung des ehemaligen Bassisten Serge Koussevitzky galt unter allen seinen berühmten Dirigentenkollegen dem ehemaligen Cellisten Toscanini, und Toscanini erwiderte die Antipathie aus tiefster Seele.

Eines Tages drehte der Maestro (der italienische, nicht der russische) wieder einmal das Radio auf und hörte mit wachsendem Mißfallen eine Aufführung von Beethovens »Pastorale«. Begierig zu erfahren, wer es wäre, der so wenig seinen Geschmack traf, und diesmal sicher, daß es sich hier nicht um eine seiner eigenen Aufnahmen handeln konnte, hielt er bis zum Ende durch und wartete auf die Ansage. Schließlich kam die Stimme: »Meine Damen und Herren! Sie hörten soeben eine Aufführung von Beethovens Sechster Symphonie, gespielt vom Symphonieorchester Boston unter der Leitung ihres Dirigenten, Professor ...« Wütend drehte Toscanini das Radio ab und sagte mit abgrundtiefem Ekel in der Stimme: »Der Bassist!«

Bei einer Probe mit dem Symphonieorchester Boston stand Débussys »Prélude à l'après-midi d'un faune« auf dem Programm, das von allen Flötisten der Welt wegen seiner halsbrecherischen Solopassagen gefürchtet wird. Als *Koussevitzky* gerade beginnen und dem ersten Flötisten noch einen ermutigenden Blick zuwerfen wollte, da sah er zu seinem Schrecken einen fremden Menschen hinter dem Pult. »Ich glaube«, begann er in seiner freundlichsten Art, »ich habe Sie noch nie gesehen. Ich nehme an, Sie vertreten unseren Herrn Smith?«

»Stimmt!«

»Ja, ja, ich verstehe ... Nun, ich nehme an, Sie kennen den Flötenpart des Débussy-Préludes?«

»Nein!«

»Ach, nicht? Aber Sie kennen natürlich das Stück?«

»Nein!«

»Hm, Sie haben es aber schon einmal gehört?«

»Nein!«

Koussevitzky schaute den einsilbigen Mann an und bemerkte: »Sie werden eine verteufelte Überraschung erleben!«

»Koussevitzky« sagte Oscar Levant einmal, »ist absolut unübertroffen in der Wiedergabe russischer Musik, sei es Mussorgsky, Rimski-Korssakow, Tschaikowsky, Strauss, Wagner oder Aaron Copland.«

Ein Mitglied des Bostoner Symphonieorchesters wurde einmal gefragt: »Wie bringt ihr Burschen es nur fertig, alle zur gleichen Zeit einzusetzen? Ich bin auch ein wenig Musiker, und ich habe Koussevitzky monatelang beobachtet – aber ich kann es noch nicht begreifen.«

»Nichts leichter als das«, entgegnete der Musiker, »wir beobachten ihn scharf, lassen ihn acht oder zehn einleitende Verrenkungen machen, und wenn er am ersten Jackenknopf angelangt ist, wissen wir, daß es Zeit ist zum Beginnen.«

Hier ist der verbürgte und bezeugte Ursprung einer der berühmtesten Orchesteranekdoten, die von nahezu jedem Dirigenten der Welt berichtet wird und fälschlicherweise Toscanini, Koussyvitzky, Stokowsky, Walter und Wood zugeschrieben wird.
Um 1910, als die Suffragettenunruhen ihren Höhepunkt erreicht hatten, nahm *Beecham* sein Orchester auf eine Tournee durch Mittelengland.
In Hudersfield geschah es, daß bei einer Aufführung von Beethovens »Leonore«, sehr zur Überraschung Beechams, auf das Stichwort hin der erste Trompetenstoß hinter der Bühne nicht ertönte und trotz verzweifelter Zeichen und Gebärden des Dirigenten auch der zweite Einsatz ausblieb.
Kaum war der letzte Akkord der Ouvertüre verklungen, da warf Beecham seinen Taktstock hin und eilte, Mord im Herzen, hinter die Bühne, um den Schuldigen zur Rechenschaft zu ziehen. Aber wie er dort ankam, fand er den Trompeter in einen Faustkampf mit einem Polizisten verwickelt, der die Trompete des Mannes gewaltsam beschlagnahmt hatte und in einem fort auf diesen einschrie: »Nein, du Kerl, mit deiner verfluchten Suffragettenwirtschaft kommst du mir hier nicht herein, und dieses verdammte Ding wirst du hier jetzt nicht blasen! Nicht während Herrn Beechams Konzert!«
Beecham war bestimmt in keiner Weise prahlerisch oder von sich eingenommen. Nach der Uraufführung seines Balletts »The Gods go A-Begging« wurde ihm ein präch-

tiger Lorbeerkranz auf die Bühne gebracht. Er sah ihn einen Augenblick lang amüsiert an; dann rollte er ihn zum Vergnügen und zur Freude des ganzen Publikums über die weite Covent-Garden-Bühne, wie einen Kinderreifen.

Wer außer Sir Thomas Beecham, Baronet, wäre fähig gewesen, in der Mittagshitze des lärmenden Piccadilly ein Taxi anzuhalten, seinen schweren Mantel auszuziehen, das Kleidungsstück in das Auto zu werfen, dem Fahrer zuzurufen: »Folgen Sie mir!« und gemütlich seinen Spaziergang fortzusetzen?

Auf einer Londoner Party traf Sir Thomas einen berühmten und höchst erfolgreichen amerikanischen Verleger leichter Musik. »Es ist sehr interessant«, bemerkte er, »jemanden zu treffen, der vom gleichen Fach ist. Wissen Sie, daß ich seit Jahren Ihre guten Komponisten bewundere, ihre glänzende Erfindungsgabe, ihre geschickte Harmonik und ihr großartiges Instrumentieren. Sie scheinen wirklich erstklassige Musiker zu sein.«

»Erstklassige Musiker, o je!« entgegnete der Amerikaner. »Sie verstehen nicht das geringste von Musik. Alles, was sie tun, ist: zu mir ins Büro kommen, etwas pfeifen, und meine Leute, Arrangeure, Kopisten, Textdichter und Orchestratoren tun die eigentliche Arbeit.«

Sir Thomas war höchst erstaunt über diese seltsame Art musikalischer Schöpfung und erzählte dem Verleger, daß er sich auch mit dem Komponieren versucht habe. »Wirklich?« fragte der Amerikaner. »Nun, warum besuchen Sie mich nicht irgendwann und pfeifen etwas?«

In einer Probe der »Alpensinfonie« von *Strauss,* gerade inmitten der wilden Violinpassagen, die den Regen und das Gewitter illustrieren, verlor der Konzertmeister seinen Bogen; er fiel ihm aus der Hand und flog in hohem Bogen über die Bühne.
»Nur eine Sekunde, meine Herren«, unterbrach Strauss, »unser Konzertmeister hat seinen Schirm verloren!«

Als *Bruno Walter* zum erstenmal das New Yorker Philharmonische Orchester dirigierte, war er leicht verwundert über das seltsame Benehmen des ersten Cellisten Alfred Wallenstein. Ein großer Meister seines Instruments, war Wallenstein in seiner Manieriertheit dem Dirigenten eine Quelle steten Ärgernisses. Er pflegte seine Augen über den ganzen Raum hin wandern zu lassen. Während er spielte, blickte er, den Kopf malerisch zurückgeworfen, zur Decke, auf den Boden, zum Publikum hin. Es gab nur ein Objekt, das er völlig ignorierte, wenngleich es direkt vor ihm saß – den Dirigenten.
Nachdem der bescheidene, gütige Bruno manch eine Probe und manch Konzert hindurch gelitten hatte, entschloß er sich endlich, sein Herz zu erleichtern. Er bat Wallenstein in sein Ankleidezimmer und redete ihn in seinem höflichsten Ton an: »Mein Freund, ich habe Sie seit langem etwas fragen wollen. Was würden Sie als den Gegenstand ihres höchsten Ehrgeizes bezeichnen?«
Wallenstein war einen Augenblick lang sprachlos und entgegnete dann: »Nun, ein Dirigent sein, ein großes, erstklassiges Orchester dirigieren.«
»In diesem Fall«, erwiderte Walter mit seinem freund-

lichsten Lächeln, »hoffe ich aufrichtig um Ihretwillen, daß Sie nicht Alfred Wallenstein vor sich haben werden.«

Während *Arthur Schnabel* in London ein Mozartkonzert probte, ließ man ihn wissen, daß die Probenzeit zu Ende wäre, und die über neunzig Mitglieder des Konzertes wären nur bereit weiterzuspielen, wenn Überstunden gezahlt würden. Die Intendanz lehnte es ab, aber Schnabel bot freiwillig an, die Summe aus seiner eigenen Tasche zu zahlen.
»Sie verstehen doch«, sagte er, »wir dürfen Mozart nicht aus der Fassung bringen.«
Einmal in Kalifornien, bei der Probe für ein Beethovenkonzert, war Schnabel mit Klemperers Tempi unzufrieden. Hinter dem Rücken des Dirigenten gab er dem Orchester ein Zeichen, ihren Führer zu ignorieren und ihm zu folgen. Klemperer wurde wütend, warf seinen Taktstock hin und schrie: »Der Dirigent ist hier, Herr Schnabel!«
»O ja, ich weiß«, sagte Schnabel nachdenklich, »Klemperer ist hier – Schnabel ist dort – aber wo ist Beethoven?«

Puccini betrachtete die zweitrangigen deutschen Routinedirigenten, die gewöhnlich ausersehen waren, sich seiner Opern anzunehmen, als seine erbittertsten Feinde.
Nach einer sehr stümperhaften Aufführung seiner »Tosca« in Wien traf er eines dieser erbärmlichen Individuen.

Weit davon entfernt, sich schuldig zu fühlen, besaß der Mann die Kühnheit, sich zu erkundigen, wie es dem Maestro gefallen habe.
»Sprechen Sie Italienisch?« fragte Puccini.
»Nein, Maestro«, war die Antwort, »leider nicht.«
»Nun«, fuhr Puccini auf italienisch fort, ergriff voll Begeisterung die Hand des Frevlers und sah ihm mit dem Ausdruck seligen Entzückens in die Augen, »in diesem Fall kann ich Ihnen ja sagen, daß Sie der größte musikalische Dummkopf sind, dem ich je begegnet bin. Ein Schurke, ein Nichtskönner, ein Betrüger, ein Mörder – und wenn wir in Italien wären, würde ich Sie auf der Stelle erschießen lassen, wie Cavaradossi.«
Damit verbeugte er sich und zog seine Hand zurück. Der Dirigent strahlte über das ganze Gesicht. »Ich danke Ihnen, Maestro«, sagte er überglücklich. »Ich danke Ihnen von ganzem Herzen. Ich werde Ihre liebenswürdigen, ermutigenden Worte nie vergessen.«

Komponisten am Dirigentenpult sind (natürlich abgesehen von Männern wie Strauss oder Strawinsky) gewöhnlich ein erbärmlicher Anblick.
Dvořák war ein Träumer. Einmal dirigierte er sein »Stabat mater« bei einem englischen Musikfestival. Der Saal war ausverkauft, Orchester und Sänger folgten gewissenhaft seinem Taktschlag, als er plötzlich in einen Wachtraum verfiel. Die Menge und die Musik existierten nicht mehr für ihn, sein Taktschlag wurde immer weniger erkennbar; er war weit, weit weg.
In diesem Augenblick rettete der mutige Konzertmeister durch eine ungewöhnlich kühne Handlung die Si-

tuation. Er nahm seinen Bogen und versetzte dann dem Dirigenten vor den Augen des ganzen Publikums einen festen und gezielten Schlag.
Dvořák erwachte aus seinen Träumen, erkannte, wo er sich befand, blickte eine Sekunde dankbar auf seinen Retter und dirigierte weiter.

Bruckner war unglaublich schüchtern. Das Wiener Philharmonische Orchester lud ihn einmal ein, seine »Romantische« Symphonie zu dirigieren. Er kam zur Probe, wurde herzlich begrüßt und feierlich ans Dirigentenpult geleitet. Er ergriff den Taktstock und wartete. »Nun, Herr Doktor«, sagte der Konzertmeister ermunternd, »wir sind soweit – wollen Sie nicht anfangen?«
»O nein, Herr Professor«, sagte Bruckner, »ich wage es nicht. Nach Ihnen, meine Herren, nach Ihnen!«
Während der Proben zu Bruckners Sechster Symphonie wollte Hans Richter ein Problem klären. »Was soll das für eine Note sein, Meister, ein F oder ein Fis?« Bruckner antwortete verstört: »Was Sie wollen, Professor, was Sie wollen!«

Massenet wurde eines Tages eingeladen, die hundertste Aufführung seiner Oper »Manon« in Bordeaux zu dirigieren. Dirigieren war nicht gerade seine starke Seite, aber er wollte die guten Leute von Bordeaux nicht enttäuschen; und so kam er am Tag des großen Ereignisses am späten Nachmittag an und ging geradewegs zum Stadttheater. Ein Beifallssturm begrüßte ihn, als er vor das Orchester trat; er verneigte sich nach allen Seiten.

Dann setzte er sich hin, blickte in die Gesichter der Spieler, die alle begierig waren, von dem großen Mann etwas zu lernen, und kurz bevor er den Einsatz gab, flüsterte er dem Orchester deutlich vernehmbar zu: »Und jetzt, meine Lieben, paßt gut auf und dirigiert mich anständig!«

Camille Saint-Saëns, der behauptete, daß er nur zwei Arten von Dirigenten kenne: »diejenigen, die die Musik zu schnell, und die anderen, die sie zu langsam dirigieren«, glaubte an die Freiheit der Interpretation. Eines Tages schrieb ihm ein junger Dirigent und fragte nach seinen genauen Wünschen in bezug auf das Finale seiner Zweiten Symphonie. Der Komponist antwortete ihm: »Sehr geehrter Herr, das richtige Tempo ist einszwei, eins-zwei-, eins-zwei. Hochachtungsvoll, Saint-Saëns.«

Eine der bekanntesten aller Orchesteranekdoten handelt von dem jungen Dirigenten, der, um sich seines wunderbaren Gehörs rühmen zu können, in den Part der dritten Posaune ein kleines Kreuz hineinschrieb. Dann, während der Probe, inmitten eines schmetternden Tuttifortissimo brach er ab und sagte in verbindlichstem Ton: »Es tut mir schrecklich leid, daß ich unterbrechen muß, aber, dritte Posaune, Sie spielten im achten Takt nach Buchstaben D ein Cis, nicht wahr? Das muß natürlich ein einfaches C sein!«
»Ich habe kein Cis gespielt«, entgegnete der Posaunist. »Irgendein Idiot hat in meinen Noten herumgepfuscht und vor das C ein Kreuz gesetzt, aber ich habe es nicht

gespielt. Wissen Sie, ich kann dieses verdammte Stück nämlich auswendig.«

Bruno Labate, ehemaliger erster Oboist des New Yorker Philharmonischen Symphonieorchesters, war eine legendäre Figur unter Dirigenten, Spielern und Publikum. Ein eindrucksvoller, kräftiger Musikerkopf krönte einen nicht ganz anderthalb Meter hohen Rumpf; seine mitleidlosen Äußerungen, immer eine Mischung aus kühner Unverfrorenheit und naiver Unschuld, waren unter seinen Kollegen äußerst beliebt, doch gefürchtet von unerfahrenen Dirigenten.

Immer wenn er in einer Probe aufstand, um mit dem Dirigenten zu sprechen (man konnte ihn hinter seinem Notenständer kaum sehen) gab das übrige Orchester im Chor seiner Entrüstung lautstark Ausdruck: »Steh auf, Bruno! Weißt du nicht, was sich gehört? Steh auf!«

Mit einer Miene, die eines Königs würdig war, ignorierte er die ermunternden Rufe und redete, ohne in Verwirrung zu geraten, mit dem Mann am Pult.

Als John Barbirolli eines Morgens eine Mozartsymphonie (ohne Oboe) und eine Schubertsymphonie (mit einem Oboenpart) proben wollte, fragte Labate in seinem herablassendsten Ton: »Na, Maestro, was spielen wir zuerst, Motz, ja?« Barbirolli warf ihm einen entwaffnenden Blick zu und sprach dann die zwei unsterblichen Worte: »Nein, Schub!«

Als Otto Klemperer mit dem Philharmonischen Orchester eine Reihe von Gastvorstellungen gab, versuchte er, nach seiner persönlichen Methode vorzugehen, nämlich ein Stück dem Orchester vor Probenbeginn zu erklären.

In einer wohlvorbereiteten, ziemlich langatmigen Rede begann er mit dem historischen Hintergrund, gab dann einen kurzen Überblick über des Meisters Leben, belehrte seine Hörer über die Geschichte der Interpretation des besagten Werkes, führte dabei sensationelle Beispiele für die verschiedenen Interpretationen von Nikisch, Weingartner, Mottl oder Richter an und zeigte schließlich sein großes Fachwissen, indem er auf die Verdienste oder Mängel von italienischen, französischen, deutschen und englischen Dirigenten im allgemeinen zu sprechen kam. Die Männer des Orchesters, an Extravaganzen und Allüren der Dirigenten gewöhnt, nahmen von dem gelehrten Diskurs wenig Notiz. Sie beschäftigten sich wie gewöhnlich mit der Lektüre der neuesten Comics oder der Lösung schwieriger Kreuzworträtsel.
Signor Labate war das einzige Mitglied des hehren Publikums, das aufmerksam zuhörte. Er sah die ganze Zeit Klemperer ins Gesicht, und es entging ihm offensichtlich kein einziges Wort. In Wirklichkeit jedoch lauerte er auf eine kleine Pause in dem Redefluß. Schließlich bot sich ihm eine Chance: Während Klemperer eine kurze Pause machte, nur um Atem zu holen, stand Labate auf und sagte ruhig, ohne das geringste Zeichen von Ärger oder Erregung: »Mista Klemps – Sie reden zuviel!«
Nach der Probe machten ihm einige seiner Kollegen Vorwürfe; es wäre ein wenig zu stark gewesen, und Klemperer könnte sich bei der Intendanz über die rohen Manieren des Orchesters beschweren. Aber Labate ließ sich nicht aus der Ruhe bringen: »Ich sollte mir Sorgen machen«, erwiderte er, »ich – mit meinen 75 000 Dollar auf der Bank!«

Die Abteilung für Unheilbare

Geschichten aus der Welt der Oper

»Jedes Theater ist ein Irrenhaus«, sagte Franz von Dingelstedt, ein Freund von Liszt (und er mußte es wissen, denn er war Dichter, Dramatiker, Impresario, Journalist, Regisseur und Theaterdirektor), »aber die Oper«, fügte er hinzu, »ist die Abteilung für Unheilbare!«
Und wirklich, die dreieinhalb Jahrhunderte Operngeschichte bilden einen beinahe zusammenhängenden Roman leidenschaftlicher, einfallsreicher, begeisterungstrunkener, liebenswerter und extravaganter Narrheiten: Allüren tollkühner Komponisten, ruhmsüchtiger Librettisten und größenwahnsinniger Primadonnen.
Die Kongreßbibliothek von Washington, D. C., enthält (nach Dr. Percy A. Scholes) ungefähr 25 000 Opernlibretti, eine Zahl, die in etwa zwei Drittel der gesamten Weltproduktion darstellt. Diesen wimmelnden Ameisenhaufen in seiner Geschäftigkeit aus der Nähe zu betrachten, ist ein faszinierendes Unternehmen, das der verstorbene Musikwissenschaftler aus Cambridge, Dr. Alfred Loewenburg, zu seiner Lebensaufgabe machte.
Hier sind einige seiner sorgfältig zusammengetragenen Fakten und Zahlen: Die opernbewußteste Stadt der Welt ist Paris, wenn man nach den langen Spielzeiten urteilt. Innerhalb von hundert Jahren erreichten allein zwanzig Opern in zwei Opernhäusern dieser Stadt 20 000 Aufführungen. Neun Opern wurden mehr als hundertmal und elf Opern mehr als fünfhundertmal

aufgeführt. Gounods »Faust« ist der konstante Rekordbrecher. Im Jahre 1934, nach einer Spielzeit von 75 Jahren, hatte diese Oper ihre zweitausendste Aufführung. Die Oper »Manon« von Massenet wurde in 55 Jahren 1700mal gespielt. 1600mal in 60 Jahren wurde »Mignon« von Thomas und in 66 Jahren »Le Pré aux Clercs« von Hérold gegeben. »Carmen« hatte 1200 Aufführungen in 36 Jahren und »La Dame blanche« in 37 Jahren. Zu je tausend Aufführungen brachten es in 78 Jahren »Les Huguenots«, in 45 »Le Domino noir« und in 76 »La Fille du Régiment«.

Ferner wurden gegeben: 900mal »Fra Diavolo«, 800mal »Louise«, 600mal »Robert le Diable« und »Les Contes d'Hoffmann«. »Le Prophéte«, »La Muette de Portici«, »Guillaume Tell«, »La Juive«, »Le Postillon de Lonjumeau«, »Romeo et Juliette«, »Samson et Dalila« wurden je 500mal gespielt. (Diese Samson-Oper war eigentlich als Oratorium geschrieben, aber Liszt bestand darauf, das Stück in Weimar als Oper aufzuführen. Es fiel durch, feierte aber 15 Jahre später in Paris eine glanzvolle Auferstehung.)

In Italien sind Opernstatistiken aufgrund des *stagione*-Systems fast ausgeschlossen, und die Zahlen der Verdi- und Pucciniaufführungen sind kaum abzuschätzen.

Die Dezentralisierung des deutschen Theaters macht die Sache sogar noch schwieriger, aber es sei hier der Versuch unternommen, die Eroberung der deutschen Bühne durch Wagner zu veranschaulichen. »Rienzi« wurde zunächst in Dresden aufgeführt und dort in 66 Jahren 200mal gespielt. »Der Fliegende Holländer« wurde nach vier Abenden wieder abgesetzt, lief aber, nachdem er 22 Jahre später wieder aufgeführt wurde, 300mal in

45 Jahren. »Tannhäuser« wurde, ebenfalls in Dresden, in 68 Jahren 500mal gespielt. »Tristan und Isolde« faßte von allen Wagneropern am langsamsten Fuß: In den ersten sieben Jahren nach ihrer Entstehung wurde sie nur siebenmal in München aufgeführt. »Die Meistersinger« erlebten nach 58 Jahren in Berlin ihre vierhundertste Aufführung. »Parsifal« blieb auf Wagners ausdrücklichen Wunsch auf Bayreuth beschränkt, wo er in 15 Jahren 100mal gegeben wurde. Ganz allein für König Ludwig II. von Bayern, Wagners Mäzen, wurden in den Jahren 1884/85 acht Aufführungen dieses Werkes in München veranstaltet.

Die beiden erfolgreichsten deutschen Opern sind Webers »Freischütz«, der im ersten Jahrhundert nach seiner Entstehung in Berlin 800mal gespielt wurde, und Kienzls »Evangelimann«, der sich rühmen kann, innerhalb von 40 Jahren 5300 Aufführungen in allen Teilen Deutschlands erlebt zu haben.

Drei glanzvolle Nationalopern brachten es in ihren Heimatländern zu einer ungeheueren Beliebtheit, ohne in das Standardrepertoire der übrigen Länder aufgenommen zu werden. So wurde in St. Petersburg Glinkas Oper »Das Leben für den Zaren« in 60 Jahren 600mal aufgeführt, in Warschau Moniuszkos »Halka« in 81 Jahren 1000mal, in Prag Smetanas »Verkaufte Braut« (die auch oft außerhalb der Tschechoslowakei gespielt wird) 1400mal innerhalb von 72 Jahren.

Hier nun ein paar Kuriositäten aus dem Opernleben: Es ist etwa ein Vierteljahrhundert her, seit die letzte Oper – es war Puccinis »Turandot« – Weltruhm, Popularität und einen dauerhaften Platz im Weltrepertoire erlangte. Die beiden meistgespielten Opern vor dem Dritten Reich, Weinbergers »Schwanda, der Dudelsackpfeifer« und Křeneks »Jonny spielt auf«, hatten 1927 innerhalb von zwei Monaten ihre Uraufführungen. Max von Schillings, ein deutscher Komponist, bemühte sich dreißig Jahre lang vergeblich, eine erfolgreiche Oper zu schreiben. 1915 gelang ihm endlich der Durchbruch mit seiner »Mona Lisa« und, obwohl er noch 18 Jahre länger lebte, nahm er keine neue Oper mehr in Angriff. Leoš Janáček, der größte tschechische Komponist neuerer Zeit, mußte bis zu einem 62. Jahr warten, bis er sein Meisterwerk »Jenufa« auf der Bühne sah. Ein Musiker mit Namen Monleone, dem Mascagnis Partitur von »Cavalleria rusticana« aufs höchste mißfiel, machte sich 15 Jahre später an eine Neuvertonung von Vergas Buch. Seine Fassung wurde sogar in Amsterdam und London aufgeführt, ohne jedoch das Original zu verdrängen.

Daniel François Esprit Auber, von dessen Opern drei unter den größten zwanzig rangieren, war der schüchternste und verschlossenste aller Komponisten. Er wurde fast 90 und hatte in seinem ganzen Leben niemals eine einzige Aufführung eines seiner Werke gesehen. »Wenn ich wüßte, daß ich bei der Aufführung anwesend sein müßte«, sagte er, »könnte ich keine einzige Note schreiben.« Eines Abends ging er in die Opéra Comique, um Rossinis »Barbier« zu sehen. Aber als er das Theater betrat, erfuhr er, daß das Werk nicht gegeben werde und dafür seine eigene Oper »Muette de Portici« als Ersatz vorgesehen sei. Ohne eine Sekunde zu zögern, drehte er sich um und verließ das Theater.

Ein schüchterner junger Mann stand zitternd in Giulio Ricordis Privatbüro. Vor vier Wochen hatte er dem großen Verleger seine erste Oper vorgelegt, und jetzt wartete er auf das Urteil. »Nun, Signor Commendatore«, stammelte er, »haben Sie es sich überlegt?« Der mächtige Ricordi betrachtete ihn leutselig: »Ja, mein Freund, ich habe es mir überlegt. Ich habe ihre Oper durchgesehen. Ich gebe zu, sie ist gewandt und gut ausgearbeitet, und Puccini empfahl Sie mir recht herzlich, aber die ganze Sache scheint mir kein Geschäft zu sein. Nein, ich glaube nicht, daß mein Verlag an ihrem Werk interessiert ist.«

Der Verleger gab dem Komponisten die Partitur, schüttelte ihm die Hand und geleitete ihn höflich zur Türe. Dann ging er zu seinem Schreibtisch zurück und nahm seine normale Arbeit wieder auf. Dies war ein höchst unglücklicher Morgen für den großen Ricordi, denn an diesem Tag hatte er eine Summe von etwa zweieinhalb Millionen Pfund zum Fenster hinausgeworfen und die Ehre, der Entdecker Pietro Mascagnis und seiner »Cavalleria rusticana« zu sein.

Und da wir gerade von der »Cavalleria« sprechen – Mascagni und Leoncavallo, der Komponist von »Pagliacci«, dem ständigen Begleiter der »Cavalleria«, werden oft als die einzigen Komponisten betrachtet, die nur mit einer einzigen Oper berühmt wurden. Wenn man jedoch die Dinge genauer anschaut, wird einen die Entdeckung überraschen, daß die Komponisten, die sich mehr als einer erfolgreichen Oper rühmen können, an zehn Fingern abzuzählen sind, während die überwältigende Mehrheit, so bedeutend und hervorragend sie auch sein mag, nur aus Komponisten einer einzigen Oper besteht. Freilich sind Débussy mit seinem »Pelléas«, Mussorgski mit »Boris Godunow«, Saint-Saëns mit »Samson«, Wolf mit dem »Corregidor« und Beethoven mit »Fidelio« nicht nur »Ein-Oper-Komponisten« – sie sind große Meister der Musik überhaupt, die auf dem Gebiet der Oper leider nur einmal erfolgreich waren. Typische »Ein-Oper-Komponisten« aber sind Bizet mit »Carmen«, d'Alber mit »Tiefland«, Delibes mit »Lakmé«, Charpentier mit »Louise«, Halévy mit »La Juive«, Humperdinck mit »Hänsel und Gretel«, Nicolai mit den »Lustigen Weibern von Windsor«, Smetana mit der »Verkauften Braut«, Thomas mit »Mignon« ... um nur einige zu nennen!

Hat sich die Pariser Oper einmal entschlossen, ein neues Werk aufzuführen, gestattet sie ihm einen Riesenaufwand an Geld und Zeit. »Tannhäuser« hatte für seine berühmte Pariser Inszenierung 164 Proben, der »Benvenuto Cellini« von Berlioz 29 Gesamtproben (aber nur sieben Aufführungen), und »La Juive« hielt den ganzen Opernapparat sechs Monate lang beschäftigt. Meyerbeers »Les Huguenots« hatten 28 Gesamtproben mit Orchester, und sein »Robert le Diable« war neun Monate in Vorbereitung, bevor ihn das Publikum zum erstenmal zu sehen bekam. Mit solchen Erfahrungen kam Meyerbeer 1832 in London an, um die Inszenierung seines »Robert« am King's Theatre, Haymarket, zu leiten. Er probte einen ganzen Vormittag mit dem Orchester und beglückwünschte es hernach zu seinen großen Fähigkeiten im Blattlesen. »Großartig, großartig«, sagte er. »Ich bin sicher, mit etwa acht weiteren Proben

werden Sie eine erstklassige Aufführung zustande bringen!«
»Noch acht Proben?« fragte der Konzertmeister. »Aber mein Herr, wir proben nie mehr als einmal! Nie!«
»Ach, wirklich?« sagte Meyerbeer überrascht. Dann verbeugte er sich vor dem Orchester, ging aus dem Theater, verließ London noch am gleichen Abend und kam nie wieder.

Am 9. November 1842 fand in der Pariser Oper die erste Aufführung des *»Fliegenden Holländer«* statt, einer Oper in drei Akten. Das Libretto stammte (wie die Plakate ankündigten) von Monsieur Richard Wagner, die Musik von Pierre Dietsch!
Und wirklich: es war Wagners »Fliegender Holländer« – nur Wagners Musik fehlte. Die Geschichte, die diesem verwunderlichen Ereignis vorausgeht, beginnt mit Wagners erstem Eintreffen in Paris. Er war völlig mittellos, in höchster Verzweiflung, als Meyerbeer ihm eines Tages Léon Pillet, den Leiter der Oper, vorstellte. Pillet fragte den jungen Mann, ob er irgendwelche Opernpläne oder -ideen habe, und Wagner legte ihm Skizzen zu einer Oper vor, die auf der alten Geisterschiffsage basierten. Die Sage war kurz vorher ziemlich bekanntgeworden, weil Heinrich Heine sie in seinen »Memoiren des Herrn von Schnabelewopski« wieder erzählt hatte und ihr in seiner glänzenden Art eine neue, originelle Wendung gegeben hatte: Die nie endende Hingabe einer treu liebenden Frau erlöst den verdammten Mann und führt ihn in einen ewigen Frieden.
Wagner war von dieser dramatischen Lösung ergriffen.

Er sah zu Recht ihre ungeheure Wirkung auf der Opernbühne voraus, und er sprach sogar mit Heine selbst darüber, wobei er die endgültige Regelung der Urheberrechte auf einen späteren Termin verschob.
Pillet erkannte die Möglichkeiten dieser Idee. Der einzige Zweifel, den er hegte, war, ob Wagner, den er nicht kannte, fähig wäre, die Musik dazu zu schreiben. Deshalb ließ er den jungen Mann wissen, daß er bereit sei, das Werk anzunehmen und die gewöhnliche Summe von 500 Franc zu zahlen, vorausgesetzt, daß er das Recht habe, einen Komponisten zu bestimmen. Wagner war zutiefst verletzt; er bat um Bedenkzeit. 500 Franc waren eine Menge Geld. Es würde gerade ausreichen, ihn über Wasser zu halten, bis er die Musik zu Ende geschrieben hätte, und dann, dessen war er sicher, würde Pillet seinen Sinn ändern.
Er sagte zu und schrieb in sieben Wochen die Partitur des »Fliegenden Holländers«. Dann kehrte er zu Pillet zurück, in der Hoffnung, ihm die Musik vorspielen zu dürfen. Aber der Direktor weigerte sich zuzuhören. Er hatte in der Zwischenzeit Monsieur Dietsch, einen jungen Dirigenten des Opernorchesters, der sein Schützling war, beauftragt, die Musik zu schreiben.
Das Werk wurde von Publikum und Presse kühl aufgenommen und verschwand schon nach ein paar Aufführungen aus dem Repertoire. (Das Fiasko des Monsieur Dietsch änderte nichts an der hohen Meinung, die Pillet von ihm hatte. Er beauftragte ihn zur gleichen Zeit, gewisse Partien aus Webers »Freischütz« für die Pariser Aufführung neu zu schreiben und die Oper durch eigene Ballettmusik zu ergänzen.)
Auch war der »Fliegende Holländer« nicht Wagners

letzte Begegnung mit Dietsch. Zwanzig Jahre später, als sich die bekannte »Tannhäuser«-Affäre an der Oper abspielte, war der (wie sich Wagner ausdrückte) vollkommen »unfähige und unzulängliche« Mann am Dirigentenpult der unvermeidliche Monsieur Dietsch.
Was Heine betrifft, so muß Wagner gänzlich vergessen haben, die noch ausstehende Frage, die die Verwendung seiner Idee betraf, zu klären. Nirgends in seinen Schriften gesteht er ein, was er dem Dichter verdankte, noch erfahren wir anderweitig von einer Vereinbarung zwischen den beiden. Doch Heines Gedanke der Erlösung eines verfluchten Mannes durch die Liebe einer Frau, »treu bis in den Tod«, war nun Wagners philosophisches und dramatisches Steckenpferd geworden, ohne das er von da an kaum je ein neues Werk planen oder ausführen konnte.

Nie zuvor und kaum je danach wurde eine Orchesterpartitur mit solcher *fortissimo*-Vehemenz geschrieben wie die *»Elektra«* von *Strauss!* Eine Häufung kraftvoller Blechbläser-Kombinationen, jagende, fliegende Violinpassagen und donnernde Baßfigurationen fallen den Hörer an. Hier demonstriert Strauss eine bewußte letzte Ausweitung der Wagnerschen Brutalität.
Er wollte ein überwältigendes Orchester, das alles andere verschlingt. Als bei einer Probe für die Dresdner Uraufführung die mächtige Stimme der Ernestine Schumann-Heink, die die Klytämnestra sang, das Orchester noch übertönte, lief Strauss quer durch den Saal zum Dirigenten und rief: »Lauter, lauter, ich kann sie noch hören!«

Mozart hatte großes Pech mit seinen Librettisten – nicht, daß sie keine erstklassigen Bücher geliefert hätten, aber ihr Wankelmut, ihr Dünkel und ihre ungerechtfertigten finanziellen Forderungen machten ihm das Leben schwer.

Da war Lorenzo da Ponte, der noch 40 Jahre nach Mozarts Tod an seiner lästigen Gewohnheit festhielt, von »seinem« »Don Giovanni«, »seiner« »Hochzeit des Figaro« und »seinem« »Cosi fan tutte« zu sprechen und zu schreiben. Und da war Herr Emanuel Schikaneder, ein Blutsauger, wenn es je einen gab.

Bei der Uraufführung der »Zauberflöte« war Mozart bei weitem nicht die wichtigste Figur des Abends. Das Programm verkündete, daß das Werk eine »Oper in zwei Akten von Emanuel Schikaneder« wäre. Und nur eine sehr bescheidene Zeile in kleinstem Druck ganz unten am Plakat besagte, daß die Musik von »Herrn Wolfgang Amadé Mozart« stamme.

Und Schikaneder, der allbedeutende Produzent, Impresario und Star, schien wirklich den Komponisten als eine Art unvermeidliches Übel betrachtet zu haben. »Die Oper war wirklich ein Erfolg«, sagte er, als ihm die Leute nach der Premiere gratulierten, »aber der Erfolg wäre doppelt so groß gewesen, wenn dieser Herr Mozart nicht so viel hineingepfuscht hätte!«

Ein anderer von Mozarts Librettisten war ein Schreiberling namens Gottlieb Stephanie, der einfach ein vorhandenes Drama »Belmont und Constanza« (das in Wien unbekannt war) hernahm und es dem Komponisten als »Die Entführung aus dem Serail« zuschob. Daraufhin schrieb der ursprüngliche Autor, Christoph Friedrich Bretzner aus Leipzig, einen Brief an die Leipziger

Zeitung: »Ein gewisses Individuum aus Wien, ein Mann namens Mozart, besaß die Unverschämtheit, mein Drama ›Belmont und Constanza‹ zu vertonen. Ich protestiere hiermit öffentlich und feierlich gegen solche Art von Mißbrauch und Verletzung meines Eigentums. Ich werde unmittelbar weitere Schritte unternehmen, um meine Rechte zu sichern.
Ihr ergebener C. F. Bretzner, Dichter und Autor des ›Räuschchens‹.«

Angelpunkt der Welt der Oper, ihr Ruhm und ihre Verzweiflung, ihr Glanz und ihr Fluch ist jene unsterbliche, unausrottbare, vielgescholtene, aber noch heißer geliebte Institution: die Primadonna, männlichen oder weiblichen Geschlechts, auf der Bühne oder im Orchesterraum. Alles begann, als Papst Clemens VIII. entschied, daß die Kastration von Knaben zu dem Zweck der Erhaltung ihrer Stimme und ihrer Verwendung in der Kirche als ein Akt, der zu Gottes Ruhm gereiche, betrachtet werden müsse. Dieser päpstliche Erlaß sollte eines der großen Probleme innerhalb der Kirchenmusik lösen; den Frauen nämlich war es untersagt, in Kirchenchören zu singen, und für die Knaben wurde es immer schwieriger, den technischen Anforderungen der großen Komponisten in den Sopran- und Altpartien Genüge zu leisten. So wurde die Verwendung von Kastraten zu einer Notwendigkeit. Aber kaum hatten diese erwachsenen Männer mit den Knabenstimmen in den italienischen Kirchen ihren festen Platz gewonnen, da erhob sich auch schon eine starke Gegenbewegung in den Reihen der Geistlichkeit.

Die Kastraten verließen die Kirchenchöre und wandten sich der neuen Opernbühne zu, die ihnen ungeahnte Möglichkeiten und Honorare bot. Das ging so weit, daß viele italienische Eltern ihre männlichen Sprößlinge beim geringsten Anzeichen stimmlicher Fähigkeiten entmannen ließen, in der Hoffnung auf eine Theaterkarriere, mit dem Ergebnis, daß der große Dr. Burney auf seiner Italienreise in jeder Stadt »erbarmungswürdige Kreaturen ohne jede Stimme – oder zumindest ohne eine Stimme, die sie für einen solchen Verlust entschädigt hätte«, angetroffen hat.

Die großen Kastraten waren erstaunliche Charaktere; ihre unübertroffenen stimmlichen Leistungen setzen uns auch heute noch in höchste Verwunderung. Von *Baltasare Ferri,* einem der ersten Kastraten, wird berichtet, daß er die chromatische Tonleiter zwei Oktaven hinauf und hinunter in einem Atem singen konnte, wobei er noch jede der 41 Noten mit einem anmutigen Triller verzierte. Es ist kein Wunder, daß er beinahe einen Krieg zwischen Österreich und Polen entfacht hätte, da ihn die Monarchen beider Länder als ihr berechtigtes Eigentum ansahen.

Ein anderer großer Kastrat war *Gaetano Cafarelli.* Er studierte bei dem gefeierten Porpora, der ihn als Versuchskaninchen für seine höchst eigenartige Lehrmethode verwendete. Porpora schrieb auf ein einziges Blatt verschiedene kurze Stimmübungen und zwang seinen Schüler, sie vollkommen unverändert immer und immer zu wiederholen, fünf Jahre lang. Als diese fünf Jahre vorbei waren, entließ er ihn ins Leben mit den Worten: »Geh, mein Sohn, es gibt nichts mehr, was ich dich lehren könnte! Du bist der größte Sänger Europas!« Und wirklich, Cafarelli wurde die Leidenschaft des Kontinents und der bestbezahlte Sänger seiner Zeit. Er erwarb sich ein gigantisches Vermögen, baute sich einen prächtigen Palast, kaufte sich das Herzogtum von Santo Dorato, zog sich zurück und starb, sehr geschätzt und bewundert, im Alter von achtzig Jahren.

Senesino war der erste Kastrat, der England eroberte. Nicolini, der erste »Rinaldo«, war Händels Favorit, und über Farinelli, der auf der Londoner Bühne in drei Jahren 15 000 Pfund verdiente, sagte man: »Es gibt einen Gott und einen Farinelli!«

Um die Mitte des 18. Jahrhunderts begann die Vorherrschaft der Kastraten zu schwinden. Die ersten großen Sängerinnen traten auf, und die Humanisten der Französischen Revolution hielten die Kastration aus stimmlichen Gründen für barbarisch und unmoralisch. Aber selbst das 19. Jahrhundert brachte noch den berühmten Vellutti hervor, und ein Signor Pergotti, offenbar der Allerletzte einer langen Reihe, trat in London bis 1844 auf. Im Jahre 1878 schließlich annullierte Papst Leo XIII. den Erlaß von Papst Clemens. Er verbot die Kastration und schaffte damit eine Einrichtung ab, die seit Jahrzehnten außer Gebrauch war.

Die legendäre *Francesca Cuzzoni* war ein Muster an primadonnenhafter Unverträglichkeit, Boshaftigkeit, Frechheit und Launenhaftigkeit. Sie war klein und dicklich, beschränkt, ungebildet, reizlos und geschmacklos. Aber ihre Stimme war von einzigartiger, ätherischer Schönheit, verfügte über einen riesigen Umfang von ungebrochenen, reinen und kraftvollen Tönen, und ihre

Art der Wiedergabe übertraf an Ausdruck und Beseeltheit allen zeitgenössischen Gesang. Ihre Extravaganz brachte sie in Schulden, so daß sie ins Gefängnis mußte, und nur auf Grund der Bereitwilligkeit des Gefängnisdirektors, der ihr erlaubte, von Zeit zu Zeit Konzerte zu geben und so ihre Schulden zurückzuzahlen, kam sie wieder heraus.
Sie war Händels Spitzenstar, was freilich nicht bedeutet, daß diese beiden starrsinnigen und eigenwilligen Charaktere gut miteinander auskamen. Das Gegenteil war der Fall, und einmal wäre der Komponist ihretwegen beinahe zum Mörder geworden.
Es war während der Proben zu Händels »Ottone«, und La Cuzzoni hatte eine ihrer äußerst launischen Stimmungen. Händel bestand darauf, daß sie die Arie »Falsa Imagine« so sänge, wie er es wünschte. Sie weigerte sich, und die sich daraus ergebende Diskussion endete in einem Zweikampf, in dessen Verlauf der hünenhafte Händel die kleine Primadonna packte, in die Luft schwang und zu einem der Fenster trug in der offenbaren Absicht, sie hinauszuwerfen. Nur durch das rasche Eingreifen einiger Nebenstehender wurde eine Katastrophe verhindert. Der wütende Komponist setzte die Dame nieder und rief durch den Saal: »Ich weiß sehr wohl, gnädige Frau, daß Sie der leibhaftige Teufel sind – aber glauben Sie mir, ich bin Beelzebub, der Fürst aller Teufel!«

Eines der unvergeßlichen Ereignisse in der Operngeschichte von Paris ist mit dem Namen Cruvelli verbunden. Es geschah im Jahre 1854 und war sechs Wochen lang der größte Skandal in der ganzen Welt, eine »cause célèbre«, die jedermann in Atem hielt.

Jeanne Cruvelli war die berühmteste Primadonna, die die Oper seit vielen Jahren gehabt hatte. Wann immer sie die Valentine in »Les Huguenots« sang, war das Haus überfüllt. Ihre Schönheit, ihre große Schauspielkunst und ihr hinreißender Gesang machten sie zum Idol von Paris. Eines Morgens erschien sie nicht zu einer Probe von Verdis »I Vespri Siciliani«, einer Oper, die damals gerade vorbereitet wurde. Sorgfältige Nachforschungen in vielen Stadtvierteln blieben ohne jedes Ergebnis. Sie hatte ihre Wohnung verlassen, ohne zu erwähnen, daß sie nicht zurückzukehren beabsichtigte, und trotz eifrigen Suchens blieb sie unauffindbar. Die Zeitungen, zuerst in Paris, aber sehr bald auch in den übrigen europäischen Städten, griffen die Nachricht auf. Parlamente und Botschaften schalteten sich ein, die Komödianten des Varietés machten die Affäre zu ihrem Lieblingsthema, und das Strand Theatre in London führte sogar eine Farce auf unter dem Titel: »Wo ist die Cruvelli?«

Giuseppe Verdi, der am stärksten betroffene Teil (die Erstaufführung seiner Oper war natürlich unbegrenzt verschoben worden), trug sein Schicksal mit größtem Gleichmut. Er verfolgte mit großem Vergnügen die verschiedenen Berichte, denen zufolge die Cruvelli den einen Tag in Deutschland, den andern in Chicago in den USA und den übernächsten in Rußland, das heißt in Moskau, gesehen worden war.

Der Skandal erreichte seinen Höhepunkt, als die Opernintendanz ihre Absicht kundtat, die verschwundene Primadonna auf 100 000 Franc Schadenersatz zu verkla-

gen. Wieder flammten die Schlagzeilen auf, die Berichte überboten sich gegenseitig in fantastischen Erfindungen; und an einem Novembermorgen wurde dann die Bühnentür der Oper heftig aufgerissen, und vorbei am verdutzten Portier, an den überraschten Balletteusen, Chorsängern, Korrepetitoren und Sekretärinnen schritt die Cruvelli geradewegs zur Direktion!

Sie erklärte dem Direktor, daß sie mit ihrem Verlobten, einem Grafen Vigier, »vorweggenommene Flitterwochen« – auf dieser Formulierung bestand sie – verbracht habe. Sie habe, bevor sie abgereist sei, ihrer Kammerzofe ausdrücklich Anweisung gegeben, die Intendanz zu verständigen. Das Mädchen aber hatte zunächst vergessen, die Nachricht zu überbringen, und später, als der Skandal sich ausweitete, wagte sie nicht mehr, ihre Nachlässigkeit einzugestehen. Da sie selbst recht ... ja, recht angenehm beschäftigt war, las die gnädige Frau keine Zeitungen und wußte deshalb von der ganzen Affäre überhaupt nichts.

Der Direktor, der mit einer so überzeugenden Erklärung in höchstem Maße zufrieden war, umarmte seinen wiedergewonnenen Star, annullierte die Schadenersatzklage und gab sofortige Weisung, die Proben zu Verdis Oper wieder aufzunehmen.

Als Jeanne Cruvelli wieder auf der Bühne erschien, war es selbstverständlich in ihrer Glanzrolle der Valentine in »Les Huguenots«. Die Worte, mit denen die Heldin in dieser Oper von der Königin begrüßt wird, spielten in recht indiskreter Weise auf die Eskapade der Primadonna an: »Sprich, meine Liebe, über das Ergebnis deines abenteuerlichen Unternehmens.«

Das überfüllte Haus erfaßte nach einem Augenblick des

starren Schweigens die Situation und brachte der Cruvelli unter schallendem Gelächter eine Ovation dar, wie sie in den Mauern dieses berühmten Theaters noch nie zuvor gehört worden war.

Gustav Mahler probte den »Tristan« in Wien. Der Tenor Eric Schmedes versuchte in der Todesszene heftig zu agieren. »Was soll das alles?« rief Mahler, »lassen Sie die ganzen Gestikulationen und Gebärden weg und singen Sie einfach im Takt: eins-zwei-drei, eins-zwei-drei!«
»Aber ich muß doch irgendwie spielen, oder nicht?« wandte Schmedes ein.
»Nein! Das müssen Sie nicht! Eins-zwei-drei, eins-zwei-drei, eins-zwei-drei ...«

Die Geschichte vom Leben, Wirken und Tod des *Enrico Caruso* ist bis zum Rand gefüllt mit den unglaubwürdigsten Zufällen, Wundern und Ungewißheiten. Es ist ein grenzenloses Panorama der Armut und des Reichtums, des Mißerfolges und des Triumphes: ein Shakespearedrama, vollständig bis auf die Narren!
Er begann seine Karriere sehr spät. Er erschien erst auf der Bühne, als er Ende zwanzig war. Er fing als Bariton an und war drei Jahre später der größte Tenor der Welt. Bis Mitte zwanzig lebte er in Armut, verdiente sich etwas Geld als Chorknabe, als Lehrling bei einem Schlosser und Brunnenmacher und als Straßensänger in Neapel. Im Laufe der letzten 18 Jahre seines Lebens verdiente er etwa eineinhalb Millionen Pfund.
Heinrich Conried, der Direktor der Met, der ihn auf

Grund einer Schallplattenaufnahme nach New York geholt hatte, übergab ihm einen Vertrag, in dem an Stelle des Honorarangebotes eine Lücke war: »Füllen Sie es selbst aus, Caruso!« sagte Conried. »Ich kann Ihnen nicht so viel zahlen, wie Sie verdienen, aber ich versuche, Ihnen zumindest das zu zahlen, was Sie verlangen!«

Und so schrieb Caruso eine Zahl hin, aber der Vertrag kam unverzüglich wieder zurück, und Carusos Zahl war verdoppelt. Der Sänger blickte ungläubig auf den Vertrag. »Nein, nein!« sagte er, »so viel könnte ich nicht nehmen: ich wäre zu nervös beim Singen.«

Conrieds Nachfolger, Gatti Casazza, nannte ihn »den billigsten Künstler unter meiner Leitung. Und er bleibt es«, fügte der Impresario hinzu, »welche Summe man ihm auch zahlt«.

Bis zum Jahre 1919 waren ihm an Schallplattentantiemen beinahe eine halbe Million Pfund gezahlt worden. 1920 allein flossen ihm aus derselben Quelle 100 000 Pfund zu. Für ein Konzert in Buenos Aires bekam er 2000 Pfund. Wann immer er beschloß, eine Konzerttournee zu unternehmen, konnte er mit größter Leichtigkeit in 14 Tagen 20 000 Pfund verdienen.

Seine Stimme hatte den ungewöhnlich großen Umfang von zweieinhalb Oktaven, ausgehend vom tiefen G. In Philadelphia versagte einmal während einer Aufführung von »La Bohéme« dem Baß, der den Part des Colline sang, im letzten Akt die Stimme. »Macht nichts!« sagte Caruso, übernahm den Part und sang die Baß-Arie, die berühmte »Mantelarie«, wie sie noch nie zuvor gesungen worden war.

Als Operndarsteller war er unübertroffen, und nur Schaljapin kam ihm gleich. Singen war für ihn eine

Freude und eine Notwendigkeit. Er sagte fast nie eine Vorstellung ab. An der Metropolitan Opera sang er zum erstenmal am 23. November 1903, und die Kritiken waren bei weitem nicht enthusiastisch. Ihm wurde eine »ermüdende italienische Manier« vorgeworfen, aber bevor die Saison zu Ende ging, war er eine legendäre Figur und der größte Star, den die Met je gehabt hatte. Er sang in der ganzen Welt. Am Abend des großen Erdbebens sang er sogar in San Francisco.

Wenn er nicht mit einer der prächtigsten Stimmen, die die Welt je gehört hatte, begabt gewesen wäre, so wäre er dennoch berühmt geworden: als Karikaturist. Caruso war auf seine zeichnerischen Leistungen stolzer als auf all seine Triumphe als Sänger! Er machte sich nie die Mühe, irgendeine der überaus schmeichelhaften Kritiken, die er für seinen Radames, Eleazar, Rodolfo oder Rigoletto-Herzog bekam, aufzuheben, aber die kleinste Zeitungsnotiz, die seine Zeichnungen betraf, pflegte er monatelang mit sich herumzutragen und bei jeder Gelegenheit herzuzeigen. Eines Tages gab Mark Twain ein Diner für alle berühmten Karikaturisten von New York. Es war ein harter Schlag für Caruso, daß er nicht eingeladen wurde. Er grübelte tagelang darüber nach, dann resignierte er und sagte: »Nun, vielleicht kennt mich Herr Twain nur als Tenor . . .«

Er hatte ein lautes, ansteckendes Lachen, und er lachte gerne, aber niemals lachte er herzlicher als bei einem jener riesigen Wohltätigkeitskonzerte in New York während des ersten Weltkrieges. Er hatte eben seine Arien gesungen und von dem überfüllten Saal einen begeisterten Beifall erhalten. In diesem Augenblick kam Al Jolson auf die Bühne, mit schwarzem Gesicht und rol-

lenden Augen. Er ging ganz nach vorne bis an die Rampe und verkündete in seiner höchst selbstsicheren Art: »Leute, das war noch gar nichts, was ihr da gehört habt . . .!«
Am 24. Dezember 1920 sang Caruso den Eleazar in »La Juive« an der Met; es war sein 607. und zugleich sein letzter Auftritt auf dieser Bühne. Sieben Monate später starb er im Hotel »Vesuvius« in Neapel, erst 48 Jahre alt.

Maria Jeritza (»Ich bin die einzige Primadonna der Welt, die Kartoffeln ißt!«) spielte die Carmen an der Metropolitan Opera. Edward Johnson war Don José. Plötzlich, im vierten Akt, vergaß eines der Pferde, die den Wagen des Escamillo zogen, vollkommen, was sich gehörte. Ohne den geringsten Respekt, weder vor den juwelengeschmückten Damen in den Logen noch vor den Musikfreunden oben in den Galerien, gab es mit großer Kaltblütigkeit über die ganze Bühne hin seinen Bedürfnissen nach.
Die letzte Szene der Oper kam: Don José zog seinen Degen und stieß ihn mitten in Carmens treuloses Herz hinein. Aber Carmen machte keine Anstalten hinzufallen. Johnson erdolchte sie nochmal und flüsterte: »Los, stirb!« Aber die Primadonna machte keine Bewegung. »Was ist los mit dir?« fragte der Tenor und erdolchte sie immer wieder. »Willst du heute abend nicht sterben?«
Und La Jeritza flüsterte, mit einem verächtlichen Blick auf die Bühne, zurück: »Nein, bestimmt nicht, wenn du mir nicht zuvor ein sauberes Plätzchen findest!«

Die Geschichten um *Sir Thomas Beecham,* an zweiter Stelle hinter dem legendären Toscanini, enthüllen einen großen, liebenswürdigen Gentleman, einen ganz wunderbaren Musiker, einen erstaunlich geistreichen Mann und einen Kritiker, Beobachter und Philosophen von nicht geringer Bedeutung. Eines Abends, während der Festspielzeit im Covent Garden, wurde Beecham, der gerade mit Neville Cardus gespielt hatte, von Lady Cunard angerufen; sie beschwor ihn, sich am nächsten Abend nicht auf sein Gedächtnis zu verlassen und zum Dirigieren der »Götterdämmerung« mit all ihrem »komplizierten Wechsel der Rhythmen« lieber eine Partitur zu Hilfe zu nehmen. »Meine liebe Emerald«, erwiderte Sir Thomas, »du täuschst dich vollkommen; in der ›Götterdämmerung‹ gibt es keine wechselnden Rhythmen. Sie geht dahin, immer gleich, von halb sechs bis Mitternacht – wie ein verdammter alter Klepper.«
Und natürlich dirigierte er ohne Partitur und verließ sich wie immer auf sein unglaubliches Gedächtnis.
Als er einmal in seinem Covent-Garden-Büro arbeitete, läutete das Telefon und der Intendant sagte ihm, daß der Dirigent des Abends einen Nervenzusammenbruch gehabt habe und unfähig sei, seine Pflicht zu erfüllen.
Beecham erklärte sich bereit einzuspringen, ging in sein Ankleidezimmer, zog sich um, und wenige Minuten später betrat er den Orchesterraum. »Wir spielen heute die ›Zauberflöte‹, nehme ich an?« sagte er zum Konzertmeister.
»Nein, nein!«, verbesserte ihn dieser, »die ›Entführung‹, Sir Thomas!«
»Mein lieber Mann, Sie setzen mich in Erstaunen!« und

gutgelaunt stieg er aufs Podest, klappte die Partitur zu und begann die Ouvertüre.
Er liebte die Oper, aber nichts verabscheute er mehr als zweitklassige Aufführungen. Als er Hitler-Deutschland einen Besuch abstattete, wohnte er in Berlin einer Aufführung des »Figaro« bei. Die musikalischen Würdenträger des Dritten Reiches, die bei ihm in der Loge saßen, wurden leicht verlegen, als sie ihn im ersten Akt laut schnarchen hörten. »Aber Sir Thomas«, sagte einer der Herren tief verletzt, »wir dachten, Mozart sei Ihr Lieblingskomponist?«
Beecham machte die Augen auf und sagte: »Nur wenn ich selbst dirigiere!« – und schlief wieder ein.
Einmal mußte ein tschechischer Dirigent sein Gastspiel in London absagen, und es traf Beecham, eine Neuaufnahme von Smetanas »Verkaufter Braut« zu übernehmen – eine Oper, die ihm weniger bekannt war als allen übrigen Teilnehmern an diesem künstlerischen Ereignis. Er wurde ganz offensichtlich nervös und widerspenstig. In diesem Augenblick trat der unerschrockene Richard Tauber, der die Tenorpartie sang, vor und sagte zum Dirigenten: »Sir Thomas, ich muß mich für uns alle entschuldigen und Sie bitten, mit uns Geduld zu haben. Wir sind alle entsetzlich gehemmt. Wir singen diese Oper seit zwanzig Jahren und erst jetzt merkten wir, daß wir sie bis heute falsch gemacht haben. Sie dürfen uns nicht tadeln. Wir brauchen eben ein wenig Zeit zum Verlernen!« Beecham sah Tauber an, dann lachte er und lud ihn ein, das Wochenende mit ihm zu verbringen und ihm beim Studium der Partitur behilflich zu sein.

Komponisten, Librettisten, Sänger, Dirigenten – die Welt der Oper wäre nicht vollständig ohne ein oder zwei Vertreter dessen, was Ernest Newman einen »traurigen Beruf« nennt: die Kritiker!
Da war zum Beispiel Samuel Longford, Musikkritiker des »Manchester Guardian«, der – so erzählte Neville Cardus – einmal einer Aufführung des »Parsifal« beiwohnte und sich zu vorgerückter Stunde immer unruhiger und gelangweilter gebärdete. Plötzlich wandte er sich Cardus zu und sagte: »Der einzige vernünftige Mann hier ist der alte Amfortas – der hat sein Bett mitgebracht!«
Dr. *Eduard Hanslick* war ein halbes Jahrhundert lang der mächtigste Musikkritiker Wiens und unbestrittener Weltrekordhalter im professionellen Fehlurteil über Komponisten und ihre Werke. Er war es zum Beispiel, der Tschaikowskys Violinkonzert »Musik, die man stinken hört« nannte.
Privat war er ein charmanter, höchst gebildeter Herr, großzügig und liebenswürdig, ein echter »bon viveur«. Seine Tragik bestand darin, daß gerade er, der dazu ausersehen war, seinen Lesern die revolutionäre Entwicklung in der Musik der zweiten Hälfte des 19. Jahrhunderts verständlich zu machen, einen musikalischen Geschmack besaß, der weit hinter seiner Zeit zurück war. Die Aubers und Boieldieus waren seine Vorbilder, und er war ein Gegner von Wagner und Strauss. Seine Leser bewunderten die Eleganz seines geschriebenen Wortes, aber sie spürten, daß er auf verlorenem Posten kämpfte. Und vielleicht spürte er selbst es auch, und aus seinen depressiven Gefühlen wurde deshalb maßloser, bitterer Groll.

Sein Lieblingsopfer war Wagner. Er fand die »Tannhäuser«-Ouvertüre »unfreundlich, unbedeutend, geschmacklos und trivial«. Und er traf Wagners schwächsten Punkt, als er behauptete: »Er hat mit seinem Erzfeind Meyerbeer die Plumpheit in der Handhabung der symphonischen Formen gemeinsam.« Er war Brahms nichts deshalb günstig gesinnt, weil er seine Größe erkannt hätte, sondern weil er in ihm das Gegenstück zu Wagner sah. Brahms' Werke bedeuteten ihm genausowenig wie die ganze übrige zeitgenössische Musik. Nachdem er den ersten Vortrag des Klavierquintetts gehört hatte, schrieb er an seinen Kollegen Heuberger: »Ich konnte es kaum zu Ende hören – er langweilt mich zu Tode!« Aber in seinem nächsten Artikel lobte er selbstverständlich das neue Werk.

»Es spricht sehr für den echten Wert der Brahmsschen Musik«, schrieb Ernest Newman, »daß sie ihren Weg in Wien machte, trotzdem Hanslick sie billigte!«

Wagner erkannte Hanslicks ungeheure Macht und versuchte in späteren Jahren behutsam, ihn günstig zu stimmen. Bei der Wiener Erstaufführung von »Tristan und Isolde« sandte er nach dem zweiten Akt einen gemeinsamen Freund zu Hanslick, um dessen Eindruck zu erfahren.

»Nun, Herr Professor«, fragte der Freund, »wie gefällt Ihnen nicht?«

»Vieles gefällt mir recht gut«, antwortete Hanslick, »vieles gefällt mir nicht!«

»Was zum Beispiel«, fragte der Freund weiter, »gefällt ihnen nicht?«

Hanslick dachte einen Augenblick nach und antwortete mit Nachdruck: »Zum Beispiel – die Musik!«

Das große Kuriositätenkabinett

Wenn auch Musik der Liebe Nahrung ist, so nicht weniger der Nährboden für alle nur erdenklichen Absonderlichkeiten. Ein wahres Tollhaus tut sich uns auf, bevölkert von Abnormitäten und Phantasten, Exzentrikern und Einfältigen, Schwärmern und Größenwahnsinnigen, Fanatikern und Narren, von Spaßmachern, hehren Idealisten und sogar Mördern!
Die Überfülle der Kuriositäten reicht von Tomás Luis de Victoria, dem gewaltigen Meister des sechzehnten Jahrhunderts, der in seinem ganzen Leben nicht eine einzige Zeile weltlicher Musik geschrieben hat, über Étienne Méhul, den großen Franzosen, der eine ganze Oper, *Uthal*, gänzlich ohne Violinen komponierte, bis zu dem Schönberg-Schüler Anton Webern, dem wir das kürzeste Orchesterstück verdanken, das es gibt: sieben Takte. Aufführungsdauer eine Viertelminute.

Reichlich kühn war die New Yorker Dame, welche die Carnegie Hall für eine Veranstaltung mietete und die gesamte Oper *Cavalleria Rusticana* von der ersten bis zur letzten Note allein sang. Es gab einen russischen Pianisten mit zwanzig Fingern an vier Händen, der sich 1851 in Petersburg vor dem Zaren Nikolaus I. hören ließ. Und dann war da jener pedantische Engländer, der sich die Mühe machte, die Taktstriche in sämtlichen Wagner-Opern zu zählen und der *Musical Times* schrieb, daß *Das Rheingold* 3905, *Parsifal* 4347 und *Der fliegende Holländer* 4432 Takte enthalte.

Dreißig Jahre lang wirkte *Chrétien Urhan* als erster Geiger und Solist an der Pariser Oper, befreundet mit Berlioz und Meyerbeer. Er war ein tiefreligiöser Mensch, sprach nie mehr als nötig und trug nie etwas anderes als das schlichte dunkle Gewand eines Geistlichen. Sein Vertrag mit der Oper enthielt eine ungewöhnliche Klausel: ausdrücklich war darin festgelegt, daß Urhan seinen Platz stets mit dem Rücken zur Bühne haben müsse. Um seine religiösen Gefühle nicht zu verletzen, solle er nie genötigt sein, das gottlose Spektakel dort mit eigenen Augen zu erblicken. So ist es gekommen, daß der Mann, der an etwa zehntausend Aufführungen der Pariser Oper mitwirkte, das Spiel auf der Bühne nie gesehen hat.

Nun aber haben wir den Bereich der Vergessenen betreten, jener zu ihrer Zeit hochberühmten, von Glanz und Ruhm umgebenen Menschen, die heute nur noch in den kleingedruckten Notizen musikalischer Lexika verschimmeln.

Da ist jene erstaunliche Persönlichkeit, *Daniel Steibelt*, den man als Rivalen Beethovens ansah. Steibelt hätte wohl auch zu den Unsterblichen eingehen können, wenn seine Moral, sein Verantwortungsbewußtsein und seine Selbstkritik – Eigenschaften, die entscheidend dazugehören, wenn wahrhaft Großes zustandekommen soll – nur annähernd so stark gewesen wären wie seine außerordentliche Musikalität. Allein er war eitel, arrogant und affektiert, sein Mangel an Geschmack schauderhaft, und seine geschäftlichen Machenschaften grenzten immer an Betrug.

Er war krankhaft kleptomanisch veranlagt, aber ein Klavierspieler von phantastischem Können und ein Komponist von beneidenswerter Fruchtbarkeit. Er genoß die Gunst der Königinnen von Frankreich und Holland, des Kaisers Napoleon, des russischen Zaren und des Königs von Preußen. In ganz Europa hat er gespielt, und von London bis Petersburg strömten die Menschen in Scharen zu seinen Konzerten. Seine Kompositionen erreichten eine Volkstümlichkeit ohnegleichen.

Steibelt war skrupellos und scheute vor nichts zurück: in seine Oper *Albert und Adelaide oder Das Opfer der Treue*, die in Covent Garden aufgeführt wurde, hatte er mit seltener Frechheit ganze Stücke aus Cherubinis *Lodoiska* eingeschoben. Bei einer Pariser Aufführung der Haydnschen *Schöpfung* wiederum fügte er eigene Musik ein und ließ seinen Klavierpart von den exotischen, jedoch reichlich monotonen Klängen eines Tamburins begleiten, da seine Frau sich nun einmal auf das Spielen dieses Instrumentes verstand.

Phantastisch war die Schnelligkeit und Leichtigkeit, mit der er komponierte: Genau drei Monate nach Napoleons Sieg bei Austerlitz hatte Steibelt seine Oper *La fête de Mars* zu Ehren dieses historischen Ereignisses nicht nur komponiert, sondern auch schon in Paris aufgeführt. In seinen unzähligen Werken begegnet man häufig einer Melodienfolge, einem harmonischen Effekt oder einer reizvollen Orchestrierung (in seiner Oper *Romeo und Julia* führte er den Gong als zusätzliches Instrument ein), die erstaunlich und seiner Zeit weit voraus wirken. Dies nun war der Mann, der es wagte, Beethoven herauszufordern. Die beiden trafen sich zum ersten Male im Hause des Grafen Fries in Wien. Beethoven spielte sein neues Trio Opus 11, und Steibelt besaß die Frechheit, ihn von oben herab zu behandeln. Acht Tage darauf begegneten sie einander wieder, und Steibelt legte, um Beethoven bloßzustellen, ein Quintett vor, in dem er das Finale aus dem Beethovenschen Trio verarbeitet hatte. Beethoven war wütend und dachte nicht daran, diese Ohrfeige einzustecken. Er stürmte zum Pult des Cellisten, entriß ihm das Notenblatt und legte es umgekehrt vor sich aufs Klavier, während er mit einer solchen Virtuosität über diese Musikstimme zu improvisieren begann, daß der anmaßende Daniel sich bestürzt und beschämt davonschlich.

Heute ist Steibelt vergessen, und seine Werke sind im Dunkel musikalischer Archive begraben. Geblieben von ihm ist einzig die Erinnerung an jene klägliche Niederlage in einem ungleichen Streit und – das berühmte Zeichen zur Benutzung des Pedals: ›Ped.*‹ »In Erkenntnis der Sorgfalt, welche bei der Benutzung des Pedals erforderlich ist, und im Wunsche, Disharmonien oder Unklarheiten beim Übergang von einem Akkord zum andern zu vermeiden«, erfand Steibelt dies kleine, nützliche Zeichen, als seinen einzigen bleibenden Beitrag zur Musik.

Wer weiß heute noch etwas von Raimondi, dem großen *Pietro Raimondi, maestro di capella* am Petersdom in Rom, Freund und Protegé von Franz Liszt? Raimondi hinterließ der Welt einen Katalog von Werken, die an Umfang und Wunderlichkeit kaum zu übertreffen waren. Einzelne, wenngleich überdimensionale Opern oder Oratorien allein zu komponieren, genügte ihm nicht; er plante sie stets von vornherein in einem Zyklus von drei oder vier zusammengehörigen Werken. So hat er in seinem Leben insgesamt zweiundsechzig große Opern geschrieben, zwanzig Ballette, acht Oratorien, vier Messen, verschiedene Requiems, Te Deums, Misereres, Stabat Maters, Tantum Ergos und hat überdies das ganze Buch der Psalmen in Musik gesetzt. Kontrapunktische Kompositionen brachte er mit so müheloser Leichtigkeit zu Papier, daß jeder Musikstudent darob vor Neid erblassen müßte. Unter seinen fünfzig Fugen befindet sich eine – Riemann nennt sie »das non-plus-ultra an Stimmenanzahl« – in vierundsechzig Stimmen für sechzehn vierstimmige Chöre, eine Kombination, die allein zu denken einem Schwindel verursacht.

Seine *pièce de résistance* war jedoch eine Oratorien-Trilogie: *Potiphar*, *Pharao* und *Jacob*. Obgleich jedes Werk in sich abgeschlossen war, sah Raimondi dennoch die Krönung seiner Karriere in einer Aufführung aller drei an einem einzigen Tag. Nach gigantischen Mühen, mit denen er nicht nur ein Heer von Solisten, Chorsängern und Orchestermitgliedern um sich sammeln, sondern auch ein geduldiges und williges Publikum finden mußte, erreichte er sein glorreiches Ziel: die drei Werke wurden unter dem gemeinsamen Titel *Joseph* im Teatro Argentina in Rom aufgeführt. Es war ein ungeheurer Erfolg für den Komponisten, aber auch sein letzter. Konzeption wie Niederschrift dieses Riesenwerkes hatten ebenso an seinen Kräften gezehrt wie die Organisation und endliche Aufführung selbst. Raimondi siechte dahin und ist nicht lange nach seinem Triumph friedlich entschlafen.

Drei Jahrhunderte hat es gedauert, bis *Carlo Gesualdo*, Fürst von Venosa, als einer der Großen im Reiche der Musik erkannt wurde. Es bedurfte dazu solch kühner Neuerer wie Liszt und Wagner, Debussy und Strauss sowie der sensationellen Forschungsergebnisse von Cecil Gray und Philip Heseltine, um der Welt Kenntnis davon zu geben, daß Anno Domini 1600 in Neapel ein Mann lebte, der ein bahnbrechender Komponist – und zugleich aber auch ein zweifacher blutiger Mörder gewesen war.
Mit sechsundzwanzig Jahren vermählte sich Gesualdo mit Donna Anna d'Avalos, der schönsten Frau im gesamten Königreich beider Sizilien, welche trotz ihrer Jugend – sie war damals erst einundzwanzig – bereits zweimal verheiratet gewesen war. Im vierten Jahr dieser neuen Ehe begegnete Donna Anna eines Tages auf einem Ball dem jungen Herzog d'Andria, der nach zeitgenössischen Schilderungen ein Adonis gewesen sein soll. Die Tatsache, daß auch er verheiratet war, hinderte die beiden nicht daran, lichterloh für einander zu entbrennen und ein leidenschaftliches Liebesverhältnis anzufangen.
Während im prunkhaften Palazzo Sansevero der begabte Gesualdo in Gesellschaft seines Freundes und Textdichters Torquato Tasso seine eleganten schwermütigen Madrigale schrieb, trafen die Liebenden einander heimlich im Schlafgemach der Dame. Zu ihrem Entsetzen

wurden sie aber eines Tages von Don Giulio, einem Onkel Gesualdos, überrascht, der ebenfalls hoffnungslos in die schöne Anna verliebt war. Giulio begab sich sogleich zu seinem Neffen und berichtete von seiner Entdeckung. Gesualdo wollte ihm nicht glauben. Er verlangte einen Beweis für die Untreue seiner Frau und bediente sich dazu jener ältesten List aller betrogenen Ehemänner. Am Nachmittag des 16. Oktober 1590 teilte er seiner Frau mit, daß er auf Jagd gehen und in der Nacht nicht heimkehren würde. Worauf er davonzog und sich heimlich in einem nahen Haus verbarg, von wo er die Ankunft des adonisgleichen Ehebrechers beobachten konnte. Nach einer angemessenen Zeit kam er dann angeritten und überraschte die Liebenden. Außer sich vor Wut und Empörung, zog er seinen Dolch und tötete beide mit eigener Hand, grausam und erbarmungslos.

Nachdem er so seine Ehre gerächt, erklärte der Fürst vor aller Öffentlichkeit die Gründe seiner Tat und ließ die blutigen Leichen als warnendes Exempel öffentlich zur Schau stellen. Danach allerdings lebte er vier Jahre lang in seinem gutbewachten Schloß unweit Neapels in steter Furcht vor der Rache der Familie der Erschlagenen. In jener Zeit beschäftigte er sich ausschließlich mit dem Komponieren.

Im Jahre 1594 begegnete ihm die schöne Eleanora d'Este. Er bat um ihre Hand, und diese unerschrockene Dame heiratete ihn erstaunlicherweise. Sie lebten dann auch verhältnismäßig glücklich miteinander während der restlichen zwanzig Jahre seines Erdendaseins.

Als dann siebzig Jahre nach seinem Tode Neapel von einem großen Erdbeben verwüstet wurde, zerstörte dies auch die steinernen Zeugen von Gesualdos irdischer Existenz: den Palazzo Sansevero und sein prächtiges Grabmal. Geblieben ist jedoch die edle Schönheit seiner unsterblichen Madrigale und die Erinnerung an sein furchtbares Verbrechen.

Das kostbarste Stück aus unserem Kuriositätenkabinett ist jedoch ohne Zweifel jener einzigartige, übersprudelnd zungenfertige Don Quijote des Klaviers: *Vladimir de Pachmann.* Alexander Woollcott verehrte ihn ungemein; Lawrence Gilman bezeichnete seine Darbietung als »Ein-Mann-Kabarett«, und James Hunecker nannte ihn den »großen Chopansen«.
Harold Bauer berichtet, wie er einmal als Junge während eines Pachmann-Konzertes in der Londoner St. James' Hall neben einem Kritiker gesessen habe, einem schäbig gekleideten jungen Mann mit buschigem rotem Bart namens George Bernard Shaw. Als Pachmann mit seinen Kaspereien am Flügel begann, schüttelte Shaw nur den Kopf und sagte nichts als: »Affe!« Am nächsten Tag schrieb er:

> »Gestern abend gab Pachmann eine seiner wohlbekannten pantomimischen Schaustellungen, begleitet von Chopinscher Musik. Den Werken dieses Komponisten, von Monsieur de Pachmann gespielt, könnte ich endlos lauschen – wenn sie zuvor sorgfältig von jedem Klavierpart gereinigt würden.«

Pachmann begann seine Karriere in Rußland als ein außerordentlicher Pianist mit halsbrecherischem Können, ein Liszt- und Chopin-Spieler von einer noch nie dagewesenen Virtuosität. Mit der Zeit artete sein Spiel jedoch in einer Weise aus, daß es bald nur noch den unvermeidlichen Hintergrund für seine jeweiligen Narrenpossen abgab. Sechzig Jahre lang hat er das Konzertpublikum der ganzen Welt in seinen Bann geschlagen, und bis heute ist die Frage unbeantwortet geblieben, ob seine Verrücktheiten nur einer grenzenlosen Naivität entsprangen oder glatte Unverschämtheit waren.

Pachmann betrat etwa das Podium, schritt bis zur Mitte und verkündete nach einer ungewöhnlich tiefen und feierlichen Verbeugung seinem Publikum: »Zuerst werde ich Toccata und Fuge von Bach spielen, ein sehr schwieriges Stück – und ich hoffe, es gut zu spielen.« Nach einer erneuten Verbeugung wandte er sich sodann zu seinem Flügel und begann zu spielen. Es ereignete sich einmal, daß diesem Stück frenetischer Beifall folgte, worauf Pachmann dem Publikum zurief: »Nein, nein, aber nein!! Nicht applaudieren! Sie verstehen überhaupt nichts von Musik: ich habe sehr schlecht gespielt. Ich werde es jetzt noch einmal spielen, und diesmal hoffentlich besser.« Und er wiederholte die gesamte Toccata und Fuge noch einmal vom Anfang bis Ende.

Kaum hatten sich die Zuhörer von solch einem Schock erholt, verkündet er sodann: »Ich spiele jetzt Chopins Scherzo in h-moll, das Beste, was er je geschrieben hat.« Und er spielte, begleitete sein Spiel jedoch mit einem fortlaufenden Kommentar: »Hören Sie jetzt meine linke Hand *tumultuoso!* Gut, nicht? Ja! Hahaha! Liszt hat es schneller gespielt, aber Rubinstein – hahaha! – nicht so schnell!« Als er zu Ende war, erklärte er noch kurz vor dem Verlassen des Podiums: »Jawohl, meine Damen und Herren, es hat in der Welt einmal zwei große Pianisten gegeben: Liszt und Pachmann – Liszt ist tot!«

Und er verschwand, höchlichst zufrieden mit sich selbst. Während die Zuhörer applaudierten, warf er mit Vorliebe seinem Flügel Kußhände zu und umarmte das Instrument zärtlich.

Ein andermal brach er nach einer großartigen Wiedergabe von Webers *Aufforderung zum Tanz* in ein hemmungsloses Gelächter aus, rieb sich die Finger warm und versicherte seinen Hörern: »Godowsky hat das Stück arrangiert. Es ist so schwer, daß er es selber überhaupt nicht spielen kann, hahaha! Aber Pachmann – o ja! Der kann es!!«

Einmal gab Ferruccio Busoni ein Konzert in Wigmore Hall. Er hatte eben den ersten, Bach gewidmeten Teil zu Ende gespielt, als zu seiner grenzenlosen Überraschung (und dem Entzücken des Publikums) eine nichts Gutes verheißende Gestalt auf das Podium geklettert kam, ihm leidenschaftlich die Frackschöße küßte und in den ohrenbetäubenden Beifallssturm hinein rief: »Busoni – der größte Bach-Spieler der Welt! Ich, Vladimir de Pachmann – der größte Chopin-Spieler!«

Bei einem Konzert in Chikago erlaubte sich Pachmann eine seiner verrücktesten Launen. Er kam und fand den Saal nur etwa zur Hälfte gefüllt. »Oh, oh, oh«, jammerte er, »das ist eine Schande, eine solche Schande! Viel zu wenig Menschen für Pachmann! Ich werde nicht spielen.« Worauf er voller Entrüstung das Podium verließ. Im Künstlerzimmer beschwor ihn sein Manager, keinen Unsinn zu machen. »Vladimir, das kannst du nicht machen! Es kostet mich ein Vermögen, und überdies kommen wir beide auf die schwarze Liste. Du darfst mich nicht im Stich lassen!« Schließlich ließ sich der Virtuose erweichen. »Schön, aber einzig um unserer

Freundschaft willen und unter der Voraussetzung, daß ich nur für dich und keinesfalls für die jämmerlichen paar Holzköpfe da draußen spiele!« Und so mußte der leidgeprüfte Manager tatsächlich mit auf das Podium und sich dicht neben den Flügel auf ein einsames Stühlchen setzen. Pachmann, der das Publikum gänzlich ignorierte, spielte nur für ihn, indem er sich nach dem Stück einzig vor ihm verneigte.

Einmal begann er einen Chopin-Abend in New York damit, daß er aus seiner Fracktasche sorglich ein paar alte Socken hervorzog, sie ehrfürchtig auf den Flügel placierte und dem gepackt vollen Saal der Carnegie Hall erklärte: »Dies, meine Damen und Herren, sind Strümpfe, die der verehrte Meister Frédéric Chopin getragen hat.« Einer von Pachmanns Freunden betrachtete sich die Reliquie später eingehend und erkannte sie – natürlich – als »abgetragene alte Socken von Pachmann, und nicht einmal gewaschen!«

Nach jedem seiner Konzerte drängte sich die Schar seiner Bewunderer und Freunde im Künstlerzimmer. Als einer im Überschwang beteuerte: »Vladimir, heute hast du wie ein Gott gespielt!« brach er in ein schallendes, ansteckendes Gelächter aus. »Wie ein Gott, sagst du, du Dummkopf! Pachmann spielt niemals wie ein Gott! Nein! Ich spiele wie zwei Götter, drei vier, fünf Götter! Hahaha!«

Der Festspiel-Chor

Schatzkammer der Bissigkeiten, Sticheleien und Komplimente

Brahms war ohne Zweifel auf dem Gebiete der Musik ein Meister geistreicher Formulierungen, sein Spott ebenso treffend scharf wie seine Komplimente liebenswürdig und ungeheuchelt.
Einmal war er im Rheinland beim Besitzer eines der berühmtesten Weingüter der Gegend eingeladen. Nach dem Essen begab sich der Gastgeber selbst in den Keller, um mit einer verstaubten Flasche zurückzukehren, die er vorsichtig öffnete, um stolz zu verkünden: »Dies, meine Freunde, ist der Brahms unter meinen Weinen.«
Wie aus der Pistole geschossen, kam Brahms' Entgegnung: »Dann bringen Sie uns bitte doch etwas Bach!«
Jede wirklich gute Musik bewunderte er aus vollem Herzen und machte kein Hehl daraus. »Ich würde alles, was ich komponiert habe«, sagte er einmal, »wirklich alles dafür hingeben, wenn ich so etwas wie die Mendelssohnsche Hebriden-Ouvertüre hätte schreiben können!«
Die reizende Adele Strauß, des berühmten Johann Frau, gab einst auf einem Ball Brahms ihren Fächer, damit er – wie es damals Sitte war – ihr eine Widmung darauf schreiben möge. Und ohne Zögern schrieb er:

Leider nicht von mir!
Ihr ergebener
Johannes Brahms

Seine scharfen Bemerkungen waren unbarmherzig und giftig. Eines Abends, als er besonders ausfallend gegen jeden und jedes gewesen war, verabschiedete er sich von seiner Stammtischrunde im Roten Igel mit den Worten: »Gute Nacht allerseits. Falls ich im übrigen aus Versehen irgendeinen der Anwesenden zu beleidigen vergessen haben sollte, bitte ich ganz ergebenst um Entschuldigung!«
Er konnte sogar über sich selbst spotten. »Dies Werk von Ihnen, Meister«, versicherte ihm eines Tages ein Bewunderer beim Gespräch über das Doppelkonzert, »wird sich als unsterblich erweisen.«
»Unsterblich«, sagte Brahms, »für wie lange?«
Nachdem er sich eine Aufführung von Rubinsteins Oper *Nero* angehört hatte, bemerkte er: »Diese Musik ist eine höchst angemessene Darstellung von Neros Charakter – sie ist scheußlich!«
Seine Cello-Sonate in e-Moll widmete Brahms seinem Freunde Josef Gänsbacher, der ein guter Liedersänger, jedoch ein recht mittelmäßiger Cellist war. Gänsbacher bestand indes darauf, die Sonate mit Brahms zu spielen. Es wurde eine reichlich schwache Wiedergabe. Brahms hieb mit aller Kraft in die Tasten, bis Gänsbacher schließlich resigniert sein Cello sinken ließ und sich beklagte, daß er nicht eine Note seines eigenen Spiels hören könne. »Hast du ein Glück!« sagte Brahms.

Sein Leben lang bewahrte Brahms eine leidenschaftliche Zuneigung zu Bernhard Scholz, einem Schulfreund und Komponisten recht langweiliger und gelehrter Werke. Wann immer eine seiner Kantaten oder Oratorien aufgeführt wurde, erschien der treue Brahms und pries das Stück vor aller Welt mit lauten Worten.
Privat allerdings hielt er mit seiner Kritik keineswegs zurück.
1865 war er eigens nach Frankfurt gereist, um dem neuesten Opus seines Freundes, einer Vertonung von Schillers *Glocke*, seinen Segen zu geben. Zunächst einmal sah er die Partitur durch, betrachtete Seite um Seite eingehend und fragte zum Schluß tiefernst: »Und jetzt erzähle mir, mein lieber Bernhard, wo du dies wunderbare Notenpapier herbekommst?«
Bei der Aufführung saßen die Freunde dann nebeneinander in einer Loge. Brahms hörte sehr interessiert zu und nickte hin und wieder beifällig.
»Also gefällt es dir doch, Hannes?« erkundigte sich Scholz. Brahms ergriff seine Hand, sah ihm treuherzig ins Auge und erklärte: »Nicht umzubringen, Schillers Glocke, wahrhaftig: nicht umzubringen!«
Einmal wurde er von einem Wiener Komponisten angesprochen: »Ein großartiges Werk, Ihre neue Sinfonie, Meister, nur erinnert sie mich manchmal an andere Musik.«
»Was für andere Musik?« fragte Brahms. »Ihre nächste Sinfonie?«
Einen jungen Komponisten, der sich bitter beklagte, wie unleidlich lange er auf den Druck seiner ersten Sinfonie warten müsse, tröstete Brahms mit dem Ausspruch: »Geduld, nur Geduld, mein Freund, und finden Sie sich

mit dem Schicksal ab, noch für einige Wochen länger nicht unsterblich zu sein!«

Naturgemäß waren junge Komponisten ebenso wie angehende Virtuosen oder Sänger stets besonders geeignet als bemitleidenswerte Zielscheiben pointierter Kritik. *Cherubini* sagte einmal, als er lange genug voller Geduld einem Sänger zugehört hatte: »Sie haben eine sehr kräftige Stimme, lieber Freund.«
»Oh, wirklich?« gab der junge Mann geschmeichelt zurück. »Vielen Dank, Maestro!«
»Jawohl, eine sehr kräftige Stimme«, fuhr Cherubini fort, »und ich möchte Ihnen daher von Herzen raten, Auktionator zu werden.«

Unfähig, sich noch länger dem Drängen einer Dame der Gesellschaft zu entziehen, hatte *Saint-Saëns* endlich eingewilligt, sie sich anzuhören.
»Ach, Maestro«, zierte sie sich, »ich habe so fürchterliche Angst.«
»Na, und ich erst!« knurrte der Komponist.

Ein junger Komponist zeigte *Spohr* einige seiner Werke.
»Es ist vieles drin, was gut ist«, bemerkte der Meister, »und vieles, was neu ist!«
»Wirklich?« strahlte der junge Mann überglücklich.
»Ja«, fuhr Spohr fort, »nur leider: das, was gut ist, ist nicht neu, und das, was neu ist, ist nicht gut!«

Auf der Höhe seines Ruhmes kam *Weber* nach Wien, und Franz Schubert zeigte ihm seine Oper *Des Teufels Lustschloß*, die er mit siebzehn Jahren komponiert hatte.
»Nein«, sagte Weber, als er sie durchgelesen hatte, »erste Opern sollte man, genau wie den ersten Hundewurf, ertränken!«

Berlioz schätzte *Meyerbeer* nicht sonderlich. »Er hat das Glück, Talent zu haben«, bemerkte er über ihn, »aber – was wichtiger ist: er hat auch das Talent, Glück zu haben!«
Cherubini aber war es, den er am meisten mit Haß und Hohn übergoß und weder als Mensch noch Musiker ausstehen konnte. In der Loge bei der Premiere von Cherubinis *Ali Baba* sitzend, rief er während des ersten Aktes lauthals dem Publikum zu: »Ich biete fünfzig Franken für einen Einfall, Freunde! Fünfzig Franken!« Kaum hatte der zweite Akt begonnen, bot er ebenso vernehmlich hundert Franken und erhöhte die Summe auf zweihundert beim dritten Akt. Gegen den Schluß zu stand er plötzlich auf, warf seinen Mantel um und verkündete dem Publikum: »Wollen Sie mir gütigst verzeihen, meine Freunde, ich muß aufgeben – ich habe nicht genug Geld!«

Der am meisten geschmähte und verächtlich gemachte Komponist aller Zeiten war wohl *Berlioz* selber.
Zelter bezeichnete seine *Huit scènes de Faust* als »geräuschvolles Ausspucken, Krächzen, Aufstoßen – Aus-

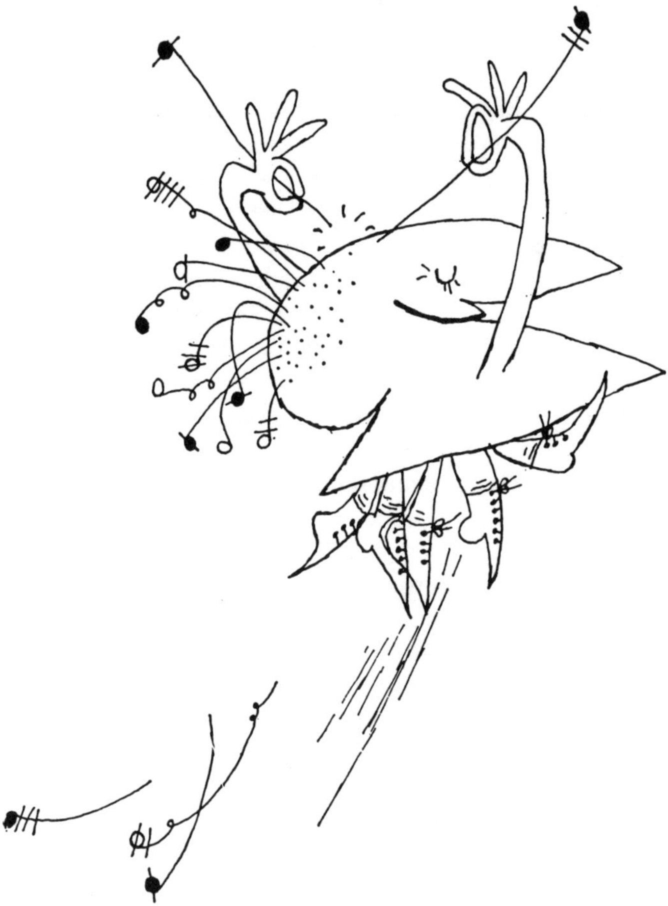

Ein Pizzicato

wuchs und Überbleibsel von Fehlgeburten, Resultat scheußlichen Inzests.«

Chopin erklärte, daß allein seine Musik jedermann das Recht gäbe, mit Berlioz jegliche Beziehung abzubrechen.

Schumann hegte Zweifel, ob man ihn als Genie oder musikalischen Abenteurer ansehen solle.

Mendelssohn meinte, er sei eine Mißbildung ohne jede Spur von Talent, und riet allen, die seine Partituren anfaßten, sich danach die Hände zu waschen.

Verdi betrachtete ihn als einen Exzentriker, der alles herunterzumachen imstande sei, selbst seine eigenen Arbeiten, wenn er nur jemand damit ärgern könnte.

Und selbst Ravel schätzte ihn nicht. »Als Musiker das schlimmste unter allen musikalischen Genies«, sagte er von Berlioz, »er konnte nicht einmal eine ganz gewöhnliche Walzermelodie anständig orchestrieren.«

Rossini gab sich spöttisch, selbst wenn er begeistert war. »Ich habe nur dreimal in meinem Leben geweint«, sagte er etwa. »Zum erstenmal, als eine meiner Opern durchfiel, das zweitemal, als bei einer Kahnpartie eine herrliche gefüllte Pute über Bord fiel, und das drittemal, als ich Paganini spielen hörte!«

Ausgerechnet zu einer seiner überdrehten Hollywood-Parties hatte Harpo Marx auch den großen Einsiedler *Arnold Schönberg* eingeladen.

Würdevoll und äußerst, wenn auch wortlos, verwirrt, verfolgte Schönberg die Diskussion, die alles in allem mehr um Fragen der Stargagen und der Mode kreiste als um die Zwölftonskala. Er lächelte sogar nachsichtig und verzeihend, als eine aufdringliche Dame sich ihm zuwandte und im plappernden Konversationston fragte: »Nun, Mr. Schönberg – nicht wahr, Schönberg war doch Ihr Name? – was haben Sie denn für neue Hits geschrieben?«

Als aber dieselbe Dame ihn nach dem Essen mit entwaffnendem Lächeln aufforderte: »Kommen Sie, Professor, spielen Sie uns doch einen Song«, da zuckte er bei dem Wort Song doch ein wenig zusammen, und sehr bald, nach vielen Entschuldigungen, weil er so früh schon gehen müsse, verschwand er.

War *George Gershwin* irgendwo eingeladen, begab er sich zumeist gleich als erstes ans Klavier und spielte den ganzen Abend über seine eigenen Kompositionen. »Mir macht es nur Spaß, wenn ich spielen kann«, verteidigte er sich.

Als er in einem Anfall von Melancholie einmal Oscar Levant gegenüber bemerkte: »Ich möchte wissen, ob auch in hundert Jahren noch meine Musik gespielt wird«, beruhigte ihn dieser trocken: »Sicher, falls du dann noch leben solltest!«

In seiner Kritik des *Requiem* von *Brahms* schrieb *Bernard Shaw:* »Die Welt ist voll von großen Musikern, die keine Komponisten sind – und von großen Komponisten, die keine Musiker sind!« Und als ihm jemand Vorwürfe machte wegen der himmelschreienden

Ungerechtigkeit einiger seiner musikalischen Kritiken, erwiderte der Spötter: »Ohne Zweifel war ich ungerecht, aber wer bin ich schließlich, daß ich gerecht sein sollte?«

Eric Satie war sicherlich kein ernst zu nehmender Musikkritiker, aber oft traf er überraschenderweise den Nagel auf den Kopf.
Als man ihm erzählte, Ravel sei die Aufnahme in die Ehrenlegion angeboten worden, die jener aber abgelehnt habe, lachte er: »Ravel lehnt die Ehrenlegion ab, doch seine ganze Musik gehört dort hinein.«
Während einer Probe zur Uraufführung von *La Mer* (gleich nach dem ersten Satz, *De l'aube à midi sur la mer* oder: Von Sonnenaufgang bis Mittag auf dem Meer) wandte sich Debussy an Satie und fragte, was er davon halte.
»Gefällt mir, Claude«, antwortete Satie, »wirklich, es gefällt mir«, und fügte dann hinzu: »Vor allem das kleine Stück um halb elf herum.«

Die Frage, ob die Engländer musikalisch genannt werden können, ist auf dem Kontinent von jeher heiß umstritten gewesen, weil der Durchschnittsbürger ungeachtet großer Komponistennamen wie Purcell, Elgar, Britten oder des lebendigen englischen Musiklebens es einfach besser weiß.
Im *Goldenen Lamm* zu Wien gab *Beethoven* selbst einer Stammtischrunde heftig Bescheid, die am Nebentisch wieder einmal dem englischen Volke jedes Musikver-

ständnis absprach. »Jawohl, meine Herren«, erklärte er mit leiser Bitterkeit in der Stimme, »wie könnten die Engländer wohl musikalisch sein? Wissen Sie denn nicht, daß meine Werke dort mehr aufgeführt werden als irgendwo sonst; daß die englischen Musikgesellschaften verschiedene Kompositionen bei mir bestellt haben und mir recht nette Summen dafür zahlen? Weder die Deutschen noch die Franzosen – und kaum jemals die guten Wiener würden etwas Derartiges tun! Daher dürfte doch klar erkennbar sein, daß die Engländer nichts von guter Musik verstehen! Oder etwa nicht, meine Herren?« Worauf er mit einem faunischen Grinsen den Raum verließ.

»Geehrter Herr,
ich sitze im verschwiegensten Raum meines Hauses. Ihre Kritik ist vor mir. Bald wird sie hinter mir sein.

Hochachtungsvoll
Max Reger«

»Grieg?« sagte *Debussy.* »Ist nichts als ein Lutschbonbon mit Schnee gefüllt.«

Potpourri

Die Gesellschaften auf Järvenpää, der Besitzung von *Jean Sibelius*, waren in Musikerkreisen nicht so sehr wegen ihrer Üppigkeit als vor allem ihrer unglaublichen Ausgedehntheit wegen berühmt. Eines Tages war Robert Kajanus, Dirigent des Finnischen National-Orchesters, bei Sibelius zu Gast und genoß beglückt dies wie immer rauschende Fest.

Auf einmal fiel ihm ein, daß er in Petersburg ein Konzert zu geben hatte. Da er die Freunde nicht stören wollte, nahm er, wenn auch ungern, ohne sich zu verabschieden, den frühen Morgenzug, überquerte den Finnischen Golf, dirigierte am Abend sein Konzert und kehrte sofort danach wieder nach Järvenpää zurück.

Das Fest war noch immer in vollem Gange.

»Na hör mal, Robert«, rief ihm Sibelius zu, als er Kajanus entdeckte, »welch eine Schande, daß du so lange im Badezimmer bleiben mußtest!«

Wie alles andere an *Händel* war auch sein Appetit gigantisch. Eines Tages ging er in ein Gasthaus, setzte sich an den Tisch und bestellte sechzehn verschiedene Gänge: Suppe, Fische, Braten, Geflügel, Desserts, Omelette, Käse und dazu Bier, Wein und Likör.

Der Kellner nahm die Bestellung entgegen, deckte umständlich den Tisch und wartete.

»Worauf warten Sie?« erkundigte sich der Komponist.
»Auf die Gesellschaft, mein Herr.«
»Gesellschaft?« wiederholte Händel dröhnend. »Los, bringen Sie das Essen – presto, prestissimo! Die Gesellschaft bin ich!«

Charles Hallé war ein junger Pianist von vierundzwanzig Jahren, als er nach England kam. So ziemlich sein erstes war es, ein Empfehlungsschreiben bei einem bedeutenden Mitglied des Hochadels abzugeben, der im ganzen Land als Freund und großzügiger Beschützer von Kunst und Künstlern bekannt war.
»Und in welchem Stil spielen Sie Klavier?« erkundigte sich Seine Lordschaft.
Hallé lächelte verbindlich: »In meinem eignen, hoffe ich!«
»Ähnelt der«, beharrte der Lord, »etwa zufällig dem von Alexander Dreyschock?«
»In keiner Weise, Euer Lordschaft!«
»Oh, das freut mich aber sehr«, erklärte der großmächtige Lord, »weil nämlich Dreyschock neulich in meinem Haus gespielt hat, und zwar derart laut und gewaltig, daß meine armen Gäste schreien mußten, um sich einander verständlich machen zu können!«

Kein Mensch würde heute noch den Namen Matthew Dubourg kennen, gäbe es da nicht diese reizende Händel-Anekdote.
Es war bei einem Konzert, das *Händel* 1742 in Dublin

dirigierte. Dubourg war dort erster Geiger, und während einer Solo-Kadenz verließ ihn plötzlich sein Gedächtnis. Er begann, von einer Tonart in die andere zu geraten, von einem Thema zum andern überzugehen, und hatte sich schließlich restlos verirrt. Händel wartete geduldig – und als der Künstler sich endlich wieder gefangen hatte und in der richtigen Tonart angelangt war, verneigte er sich liebenswürdig und rief zur allgemeinen Begeisterung: »Willkommen daheim, Mr. Dubourg!«

Elgar erzählte gern eine Geschichte von dem Sologeiger eines kleinen Provinz-Orchesters. Der alte Mann hatte eben unter Anspannung all seiner Kräfte eine extrem hohe Passage auf der E-Saite gespielt, als er sich kopfschüttelnd an seinen Nachbar wandte und erklärte: »Weißt du, Sam, ich glaube wirklich, daß ich zum allererstenmal da oben gewesen bin!«

Als sehr junger Mensch war *Sullivan* eine Zeitlang Organist an der versteckten kleinen St. Peterskirche in Cranley Gardens, London.

Eines Tages wartete die Gemeinde auf den Erzbischof, und Sullivan mußte die Zwischenzeit mit improvisierter Musik füllen. Er begann mit Variationen über »Ich harrete des Herrn«, versuchte es dann mit einer Phantasie über das Lied »Wird er kommen?«, und im Augenblick, da Seine Gnaden die Kirche betrat, krönte er das Konzert mit dem wirkungsvollen Abschluß von »Die wir bis zum Ende harren«.

Nach einem Konzert zu Ehren von *Vaughan Williams'* fünfundsiebzigstem Geburtstag entspann sich beim Nachhausegehen aus der Royal Albert Hall folgendes Gespräch zwischen zwei Hörern.
»Ich kann dies moderne Zeug nicht leiden und halte auch nichts davon«, erklärte der eine. »Sag doch selber: was hat dieser Vaughan Williams außer ›Land of Hope and Glory‹ noch wirklich Gutes und Anständiges geschrieben?«
»Lieber Gott«, erwiderte der andere, »weißt du denn nicht, daß ›Land of Hope and Glory‹ von Elgar ist?«
»Also siehst du, da hast du's ja!« fuhr der andere fort. »Nicht mal das hat er geschrieben!«

Fritz Kreisler dinierte in einem sehr eleganten Restaurant in New York.
»Bitte«, erkundigte sich eine Dame am Nebentisch beim Kellner, »wer ist dieser distinguierte Herr da drüben?«
»Mr. Kreisler, gnädige Frau«, erwiderte der Kellner.
»Ah, tatsächlich?«
Die Dame stand auf, begab sich zu dem berühmten Violinisten an den Tisch und sagte: »Dürfte ich Sie um Ihr Autogramm bitten? Ich bin wirklich entzückt, daß ich Gelegenheit habe, Ihnen versichern zu können, welche großen Verehrer Sie in mir und meinem Mann haben. Wir sind stolz darauf, einen Ihrer herrlichen Wagen zu besitzen, und freuen uns wirklich täglich darüber.«
Fritz Kreisler verbeugte sich leicht mit einem kleinen Lächeln und sagte nur: »Vielen Dank.« Dann schrieb er der Dame in ihr Autogrammbuch: »Mit besten Empfehlungen Walter P. Chrysler.«

»Sie sind vollkommen, absolut vollkommen«, versicherte *Bernard Shaw Heifetz.* »Aber ich warne Sie dringend. Vollkommenheit ist gefährlich, sie weckt den Neid der Götter. Das wenigste, was Sie dagegen tun sollten, wäre: jeden Abend vor dem Schlafengehen einmal eine falsche Note zu spielen!«

Eines Tages beschloß *Albert Einstein,* der große Physiker, sein lange vernachlässigtes Geigenspiel wieder aufzunehmen. Er bat seinen alten Freund Carl Flesch, ihm Stunden zu geben und mit ihm Duo zu spielen. Flesch war gern dazu bereit, doch als er mit dem Unterricht begann, mußte er feststellen, daß Einstein in Theorie und Praxis kaum die Anfangsgründe beherrschte. Sein Fingersatz war kindlich, seine Bogenführung nachlässig, und in bezug auf das Takthalten war Einstein einfach hoffnungslos.

Sie übten eine Mozartsonate, und Flesch zählte laut: »eins-zwei-drei, eins-zwei-drei, eins-zwei-drei!« Doch dann hielt er plötzlich, nach Atem ringend, inne und sagte verzweifelt: »Nein, Professor, nein! Nein! Wissen Sie, was Ihnen fehlt? Sie können nicht bis drei zählen!« Der große Mathematiker und Nobelpreisträger schaute ihn nur dumm an, machte nachdenklich »Hm, hm« und gestand dann schuldbewußt: »Sie können recht haben, Flesch, ich seh' das ein! Also: eins-zwei-drei-, eins-zwei-drei . . .«

Dennoch war Einstein schrecklich stolz auf sein Können als Geiger. Und so spielte er also eines Abends einige

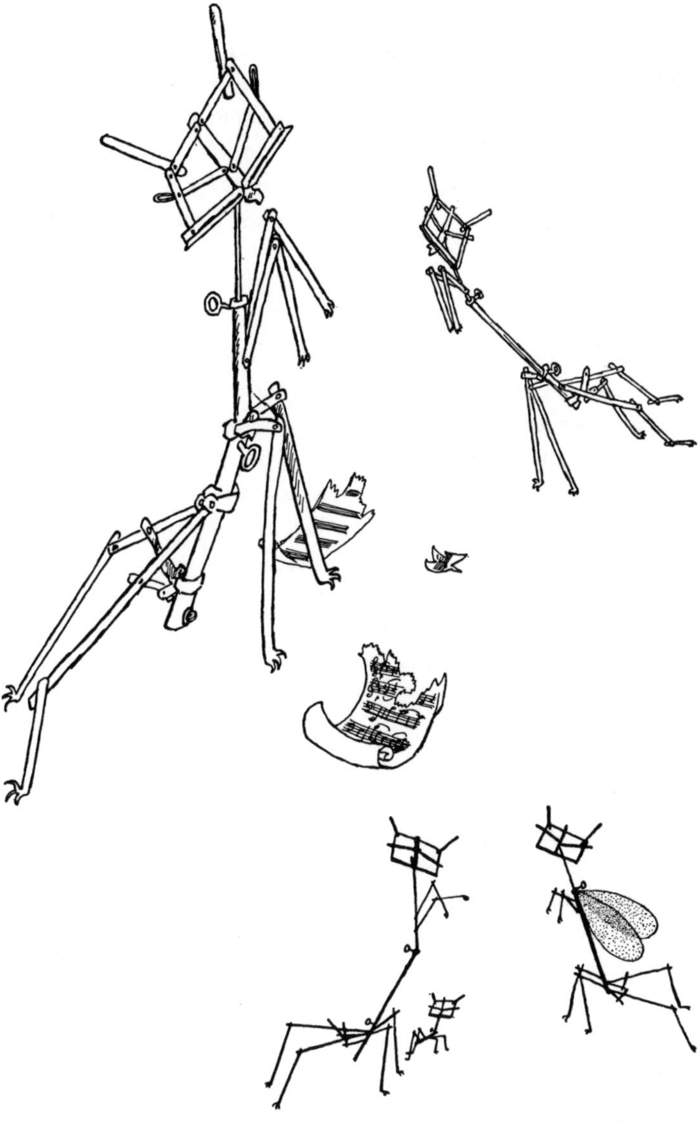

Stücke in einem Berliner Salon. Der Dramatiker *Ferenc Molnár* saß in der ersten Reihe, und jedesmal, wenn Einstein danebengeigte, brach er in ein heftiges Gelächter aus. Einstein unterbrach gelassen sein Konzert. »Warum lachen Sie eigentlich, Molnár?« fragte er. »Haben Sie mich schon einmal lachen sehen, wenn ich in einem von Ihren Lustspielen gesessen habe?«

Rossinis Kammerdiener verkündete seinem Meister eines Tages, daß *Enrico Tamberlick,* der große Tenor, gekommen sei und empfangen zu werden wünsche.
»Würdest du Signor Tamberlick fragen«, erklärte Rossini todernst, »ob er sein hohes C mitgebracht habe.«
Der Diener ging und kam gleich darauf wieder mit der Mitteilung, daß dies allerdings der Fall sei.
»Dann bestelle dem Herrn bitte, daß ich entzückt sein würde, ihn zu empfangen, wenn er sein hohes C neben Hut und Mantel draußen in der Garderobe aufhängt. Selbstverständlich kann er es wieder mitnehmen, wenn er geht . . .«

Einmal wurde bei einer Hörerfragen-Sendung *Oscar Levant* die Frage gestellt, was unerläßlich dazugehöre, um ein erfolgreicher Pianist zu werden.
»Fünf Dinge sind dazu unbedingt nötig«, erwiderte der geistvolle Oscar. »Talent, Phantasie, Energie, fester Vorsatz – und eine sehr reiche Frau!«

Max Reger war ehrlich entzückt, als ihn ein dankbarer Verehrer eines Tages nach einem Konzert, in dem er den Klavierpart im Schubertschen *Forellenquintett* gespielt hatte, mit einem ganzen Korb herrlicher frisch gefangener Forellen überraschte.
»Dank«, schrieb er dem großzügigen Spender, »vielen Dank für Ihr liebenswürdiges Geschenk – und darf ich Sie bei dieser Gelegenheit darauf aufmerksam machen, daß ich bei meinem nächsten Konzert Haydns bekanntes *Ochsenmenuett* spielen werde!«

Bei den sehr eingehenden und anstrengenden Proben zur Premiere des Diaghilew-Balletts der *Josephslegende* in Paris war *Richard Strauss* ungemein irritiert von der seltsamen Angewohnheit der französischen Orchestermitglieder, irgend jemanden als Ersatz zu schicken, wann immer sie meinten, etwas Besseres zu tun zu haben. Hatte er endlich mit vieler Mühe einem Oboisten eine gewisse Stelle in der richtigen Weise beigebracht, erschien sicherlich bei der nächsten Probe ein ganz anderer Spieler. Hornisten, Klarinettisten, Trompeter und Kontrabaß-Spieler kamen und gingen, wie es ihnen paßte, erschienen manchmal auf drei Tage, manchmal auch nur ein einziges Mal. Als ihm bei der Generalprobe wieder einige fremde Gesichter auffielen, konnte Strauss nicht länger an sich halten. »Meine Herren«, erklärte er wütend, »so geht das nicht weiter. Wir proben nun seit Wochen, und jedesmal, wenn ich an mein Pult trete, sehe ich neue Spieler, die ihren Part unmöglich beherrschen können. Hier fehlt unbedingt der künstlerische Ernst bei der Arbeit, und es ist kaum ein befriedigendes

Ergebnis zu erwarten. Um Ihnen zu zeigen, daß es auch unter Ihnen Menschen gibt, die so denken wie ich, möchte ich lobend auf unseren Freund an der großen Trommel hinweisen und ihm herzlich danken. Es freut mich, ihm bestätigen zu können, daß er der einzige war, der nicht eine Probe versäumt hat und somit unser aller aufrichtige Bewunderung verdient!«
»Ich danke Ihnen, *maître*«, entgegnete der Trommler, »ich danke Ihnen vielmals für die große Ehre, die Sie mir damit zuteil werden lassen, und möchte die Gelegenheit dazu benutzen, Sie zu bitten, daß Sie mich für morgen abend zur Premiere doch entschuldigen wollen. Ich kann nämlich leider unmöglich kommen, aber mein Bruder, der ein ausgezeichneter Trommler ist, wird mich ganz bestimmt großartig vertreten!«

Auf seinem Weg zum Gardasee war *Leoncavallo* eines Abends in dem kleinen Städtchen Forli angekommen.
Er brachte sein Gepäck ins Hotel und schlenderte dann ziellos durch die Straßen, wo ihm unversehens ein Zettel auf einem Anschlagbrett verriet, daß man am gleichen Abend im Teatro Comunale seinen *Bajazzo* spielen würde.
Er kaufte sich eine Eintrittskarte, da es eben noch Zeit genug zum Beginn war, und betrat das Haus. Auf dem Nebensitz wurde ihm vom Schicksal eine recht anziehende junge Dame beschert, die von der Aufführung höchst angetan zu sein schien. Sie klatschte wie wild nach jeder großen Arie, rief »Bravo« und gab so fortgesetzt ihre Begeisterung zu erkennen. Leoncavallo be-

obachtete in stiller Zurückhaltung, jedoch hocherfreut diese reizende Nachbarin und vergaß darüber völlig, selbst zu applaudieren. Daher wandte sich die Dame plötzlich zu ihm um und fragte: »Sie scheinen mit unserer Aufführung nicht zufrieden, Signor. Gefallen Ihnen die Sänger nicht?«

»Ach nein«, erwiderte Leoncavallo amüsiert, »die Sänger sind recht ordentlich – ich mag nur die Oper nicht!«

»Oh«, kam es überrascht von der jungen Dame. »Und was haben Sie an der Oper auszusetzen?«

»Alles, meine Liebe, einfach alles«, behauptete der Maestro kühn. »Das Textbuch ist grell und blutrünstig, und die Musik ... da ist doch nicht ein einziger origineller Gedanke in der ganzen Partitur! Alles gestohlen von Bizet, Bellini, Verdi und selbst Beethoven. Die Orchestrierung ist geradezu kindisch und die Arien derart ungekonnt. Hören Sie sich das doch an ...« Und er summte ein paar Takte. Die Dame sah ihn an, als könne sie das einfach nicht begreifen.

»Ist das denn wirklich und ehrlich Ihre Meinung, Signor?«

»Selbstverständlich, meine Gnädige!« versicherte Leoncavallo, dem die Sache ungeheuren Spaß machte.

Am nächsten Morgen durchblätterte der Maestro beim Frühstück die Lokalzeitung – als sein Blick plötzlich auf eine dicke Überschrift fiel:

Leoncavallo über seine Oper Bajazzo. Des Meisters ehrliche und ungeschminkte Ansicht von seinem Werk. Alles zusammengestohlen von Verdi und Beethoven. Eine kindische und ungekonnte Arbeit. Exklusiv-Interview mit unserer Musik-Berichterstatterin.

Leoncavallo sprang auf.
»Meine Rechnung!« rief er – und verließ fluchtartig das gastliche Städtchen Forli.

Quellennachweis:

Die Beiträge der Kapitel *Glanzvolle Tage, Aus der Werkstatt des Komponisten, Schlußakkorde* aus DUR UND MOLL;

der Kapitel *Als die Großen noch sehr klein waren, Die ihr die Macht der Liebe kennt, Mißerfolge und Durchfälle aller Arten, Schatzkammer der Bissigkeiten, Sticheleien und Komplimente* aus PIANO UND FORTE;

der Kapitel *Wenn Musiker einander begegnen – und wenn nicht, Legenden – teils wahr, teils erfunden, Das große Kuriositätenkabinett, Potpourri* aus DURCHS NOTENSCHLÜSSELLOCH BETRACHTET;

der Kapitel *Männer und Taktstöcke, Die Abteilung für Unheilbare, Kaiser, Könige, Prinzen und Zwerge, Die Wurzel alles Übels* aus MIT PAUKEN UND TROMPETEN.

Alle vier Bändchen erschienen im Albert Langen Georg Müller Verlag